Der hermetische Bund teilt mit:

Hermetische Zeitschrift

Nummer 2

Mein Dank geht an Peter Windsheimer für das Design des Titelbildes. Des Weiteren an Ariane und Michael Sauter.

Für Schäden, die durch falsches Herangehen an die Übungen an Körper, Seele und Geist entstehen könnten, übernehmen Verlag und Autor keine Haftung.

Herstellung und Verlag:
BoD – Books on Demand, Norderstedt
ISBN 978-3-7322-3137-9

Inhaltsangabe:

Vorwort... 4

1. Interview mit Ariane............................... 5
2. Vision von Shamballa.............................12
3. Einige Geschichten über Bruder Franke..................15
4. Spiegelmagie..................................... 19
5. Konzentrationsmethoden der Genies...................30
6. Exotische Rituale................................35
7. Das stille Leben.................................39
8. Der Seelenspiegel............................... 42
9. Achtsamkeit.....................................47
10. Ein einfaches Schlaf-Ritual..................... 48
11. Vibration.......................................49
12. Schulung der Wachsamkeit I..................... 51
13. Liebe...52
14. Die Lehren des HUANG SHENG-JEN...................53
15. Warum Karma und Leid gut sind.................. 56
16. Was ist das Ziel eines Hermetikers?.............58
17. Drei praktische Berichte....................... 60
18. Der wahre Meister von Franz Bardon..............64

Vorwort:

Diese hermetische Zeitschrift dient vor allen Dingen den Schüler der Hermetik von Franz Bardon. Durch die Veröffentlichung dieses Magazins soll und kann jeder das gleiche Wissen oder die selben Tipps und Hinweise bekommen, die der „Hermetische Bund" gesammelt hat und der Öffentlichkeit zur Verfügung stellt.

In wie weit der Schüler bereit ist diese Schriften für seine persönliche Entwicklung zu nutzen, liegt ganz allein in seinem eigenen Ermessen. Wir wollen keinen dazu zwingen. Jeder Schüler der Hermetik ist sein eigener Herr!

1. Interview mit Ariane

Einige meiner Freunde baten mich mit der letzten direkten Schülerin von Meister Arion ein Interview zu führen, in dem vor allen Dingen die Schwierigkeiten auf dem „Weg zum wahren Adepten" eingehend besprochen werden. Hier ist das Ergebnis:

Verlag: „Liebe Ariane, viele meiner Freunde baten mich Dich zu fragen, welche Gründe es haben könnte, weshalb man keinen Fortschritt, keinen Erfolg verbuchen kann, wenn man den „Weg zum wahren Adepten" beschreitet."

Ariane: „Dazu muss ich ein wenig ausholen. Meister Arion hat seine universellen Werke ca. 500 Jahre zu früh herausgegeben. Dadurch hat er eine lange Zeit der Reifung sprich Entwicklung der Menschheit genommen, die unter Umständen jeden Schüler der Hermetik auf dem Weg hätte nützlich sein können. Ich muss sagen „hätte sein können", denn wie es wirklich wäre, das ist eine andere Sache. Denn der Weg zur Mitte, zum wahren und universellen Ausgleich bzw. zur Gottverbundenheit, wird immer sehr schwer sein."

Verlag: „Ja aber warum, Ariane, warum ist der Weg dennoch so schwer? Warum ist er dennoch mit so vielen Hindernissen gepflastert? Noch dazu kommt, dass Meister Arion höchstpersönlich 700 Schüler zu betreuen hatte und nur mal eben zwei blieben auf dem Weg. Selbst jetzt haben wir keinen Meister mehr, der uns bei persönlichen Dingen weiter hilft bzw. mit Rat und Tat kräftig unterstützt oder knifflige Fragen und Probleme beantwortet!"

Ariane: „Ja, die Zeiten ändern sich! Früher, vor Tausenden von Jahren, wurden nur die Auserwähltesten zur magischen Einweihung zugelassen. Der Rest wurde nur in den religiösen Zeremonien eingeweiht oder zum Tempeldienst ausgesucht. Das kann man wunderbar in dem Buch von Hermes Trismegistos „Die ägyptischen Überlieferungen", welches Wilhelm Qunitscher im Auftrag von

Asamark aus dem alten Ägypten herausholte, lesen.

Aber jetzt, jetzt ist die Einweihung für jeden Menschen möglich. Jeder kann in eine Buchhandlung gehen und sich alle esoterischen Werk, je nach Interesse, kaufen und den darin beschriebenen Weg gehen. Aber das macht es bei Gott nicht leichter, im Gegenteil, denn bei der Masse an Literatur kennt sich ein Neuling überhaupt nicht aus. Alle anderen Werke – mit wenigen Ausnahmen – lügen nämlich das blaue vom Himmel herunter und versprechen Erfolg, Glück und Fortschritt in einem Maße, welches den Gesetzen absolut widerspricht. Z. B. der mittlerweile untergegangene Schikowski-Verlag publizierte Bücher, in denen gefährliche Übungen enthalten waren oder wo manch ein nicht gerade lobenswerter Autor alles zusammenschrieb, was er fand und noch dazu veränderte und das als Empfehlenswert herausbrachte. Ich darf Dich dabei an die beiden Bücher „Magische Einweihung" und „- Praxis" erinnern oder an die katastrophalen Bücher über „Runenmagie", wobei es jetzt aber noch viel schlimmere Schundliteratur gibt.

Doch bei den östlichen Lehren ist es nicht besser. Sämtliche Autoren über Yoga schreiben an der eigentlichen Sache völlig vorbei, geben nicht im Geringsten präzise Anweisungen, wie die eigentlichen Übungen stufenmäßig getätig werden müssen, ja es wird überhaupt keine Gedankenschulung vorgezeichnet. An erster Stelle steht für mich der selbsternannte „Meister" Sivananda, der zwar sehr viele Bücher geschrieben und sich dadurch einen nicht unbedeutenden Namen gemacht hat, die aber ALLE inhaltlich so was von dürftig und leer sind, dass es mich schon wundert, wie er solch einen Zulauf an Schülern bekam. Sei Autobiografie zeugt von einer derartigen Unreife und Unkenntnis der Gesetze, dass es mich schon schaudert! Aber das ist eben die östliche „Kunst", sich als Meister auszugeben, ohne irgendetwas zu können. Die haben die besten Tricks drauf, können am besten Schauspielern, aber Meister sind sie keine! Ein Spruch sagt: „Es wachsen keine Magier auf den Bäumen!" Dies wird sehr gut in dem Buch „Der Zauberlehrling von Kalkutta" beschrieben, wo selbst der Sohn des bekannten Sufis und Mystiker

Idries Shah seine Erfahrungen gemacht hat.

Das allerschlimmste ist, dass all diese falschen Gurus einen schnellen Aufstieg, viel Erfolg, allerlei Fähigkeiten versprechen, die sie aber nicht halten können."

Verlag: „Da soll man sich auskennen! Man kann sich die detaillierten Anweisungen, die Arbeit mit dem Seelenspiegel und die schweren Übungen ohne Erfolg einfach nicht vorstellen."

Ariane: „Richtig! Keiner kann glauben, dass der eigentliche Weg sehr schwer und mit vielen, ja nahezu unüberwindlichen Hindernissen gespickt ist, die ein gewöhnlicher Schüler gar nicht im Stande ist, zu meistern. Dann fangen sie vor Verzweiflung an zu lügen, zu übertreiben und zu fantasieren und ziehen andere mit in ihr tiefes „Loch" und stecken sie mit ihren falschen Vorstellungen an. Aus diesem Grund gaukeln sich alle die schönsten Erlebnisse vor, die nicht im Geringsten der Wahrheit entsprechen. Macht man sie darauf aufmerksam, fangen sie an zu stottern und lenken vom eigentlichen Thema mit unlogischen Argumenten ab. Ja, so ist die materielle Welt! So und jetzt sind wir beim eigentlichen Punkt angekommen. Die materielle Welt! Sie bildet die schwersten und härtesten Hindernisse überhaupt, denn sie lässt keinen Menschen los."

Verlag: „Was meinst Du damit"?

Ariane: „Damit meine ich, dass die Verlockungen dieser niederen Ebene so zahlreich sind, dass kein Mensch über ihnen stehen kann und wenn doch, hält er sich nicht lange auf den Beinen."

Verlag: „Da musst Du genauer werden."

Ariane: „Die materielle Welt mit ihren unzähligen – ja man kann schon sagen – dämonischen Verlockungen, Versuchungen und Prüfungen, stellt für jeden Schüler Anreize zur Verfügung, denen er auf die Dauer nicht widerstehen kann. Das ist einer der Hauptgründe, warum die meisten Neophyten straucheln und den Weg verlassen."

Verlag: „Kannst Du ein Beispiel nennen."

Ariane: „Nehmen wir das Elementarste – den Sex! Du hast ja selbst in Deinem Buch „Allzu unmenschliches" geschrieben, wie stark und mächtig der Trieb ja selbst im „Bardon-Kreis des Bundes" gearbeitet hatte, wie viele von den Schülern fremdgegangen sind und mit anderen rumgemacht haben. Das Fernsehen, Internet, die Werbung, die einzelnen Menschen mit ihrem Benehmen und ihrer aufreizenden Mode, benehmen sich wie **brünstige Tiere**, die es nur abzielen, schnell mit einem zweiten in sexuellen Kontakt zu kommen. Die Pornografie und die Prostitution tun ihr Teil dazu."

Verlag: „Richtig, denn diese Dinge vermitteln einem den Eindruck, dass man schnell zu seinem sexuellen Glück finden könnte und kann. Wenn ich bedenke, dass einer aus dem Bardon-Kreis eine Prostituierte aufsuchte und es von ihr Oral besorgt bekam, dann verstehe ich Deine Aussage noch besser. Harald erzählte mir, dass sein Bruder bei einer Clique war, die Orgien mit jeder Menge von Frauen und jungen Männer praktizierte, so erkennt man, dass selbst die Frauen nur auf Sex und eine schnelle Nummer aus sind. Unzählige männliche und weibliche Hollywood-Stars machen uns das vor und wir nehmen sie als falsche Vorbilder, anstatt umzudenken, und zu den wahren Vorbildern, zu den wahren edlen Meistern zu greifen!"

Ariane: „Siehst Du, und wer schafft es dann, seinen Seelenspiegel so zu bearbeiten, dass er sagen kann, er ist rein! Keiner behaupte ich, denn die Welt sagt im was anderes als Reinheit! Es wird doch nirgends die Arbeit mit dem Seelenspiegel empfohlen, gefördert, nein im Gegenteil, man kommt heutzutage einfach nicht mehr dazu, sich mal hinzusetzen, und in Ruhe sein eigenes „Ich" aufzuschreiben, geschweige denn es zu bearbeiten. Selbst der Alltag gaukelt einem ein falsches **Bild** vor, nach dem man sich richten muss, um in dieser Welt überhaupt seinen Mann zu stehen. Im Berufsleben genau das selbe! Viele müssen so hart arbeiten, haben so viel zu tun, dass für die reine Hermetik fast keine Zeit mehr bleibt. Ihre Familie geht vor, sie wollen ja alle was zum Essen und darüber hinaus und auf das „drüber hinaus" kommt es an. Keiner zieht sich mehr in sich zurück, beschäftigt sich mit sich selber, mit seiner Seele und meditiert darüber nach. Was glaubst Du wie viel Zeit dabei drauf geht. Die hätten keine Langeweile mehr, die hätten keine unsinnigen Gedanken wie „Was kaufe ich mir morgen" oder „Wen lege ich heute flach" – nein, die würden alle andere Gedankenformen und -züge annehmen und ihr Leben anders gestalten."

Verlag: „Aber das ist es doch, das die Wenigsten können, das am meisten Schwierigkeiten bereitet? Die Meisten wollen ein gutes materielles Leben führen und den Himmel auf Erden erstreben?"

Ariane: „Ob dies erstrebenswert ist, bezweifle ich, denn die Katastrophen, Finanzkrisen, Kriege oder die Massenarmut deuten auf etwas ganz anderes hin und zwar, dass das Schicksal einem auf einem Streich alle nehmen kann, was es will. Darin ist es absolut unbarmherzig und eiskalt. Solch einen Schicksalsschlag verkrafte erst einmal, wenn man ein Anhänger ist und seine Gottheit als unfehlbar verehrt! Noch dazu ist man ein einfacher Schüler, der weder Hellsehen noch viel Intuition hat und folgedessen nicht den Grund weiß, wofür das alles ist. Der Schüler rackert sich einen an der ersten Stufe ab und ist gerade dabei, seinen Seelenspiegel aufzustellen und erfährt, dass er morgen seinen Arbeitsstelle verlieren wird, seine Wohnung wird gekündigt und er sitzt auf der Straße. Verliert man nicht den Glauben an die große unfehlbare Gottheit? Glaubst Du, man übt noch mit dem gleichen Elan weiter, wie davor? Glaubst Du, man hat noch Lust darauf, seine Gottheit, die magischen Gesetze kennenzulernen, wenn er einem alles nimmt. NEIN behaupte ich zurecht, dass schaffen nur die Wenigsten. Und die kann man suchen!

Keiner von all denen bedenkt, dass diese materielle Ebene nur eine Schule ist, in der man sich nur für kurze Zeit befindet. Es wäre doch am besten, wenn man die „Prüfungen" positiv abschließt und dann seine langen, ja bis in alle Ewigkeit dauernden „Ferien" in der wahren Heimat des Menschen – der Astralebene – vollbringt. Dort, nur dort, kann man dann die sogenannte „Sau" rauslassen.

Verlag: „Ich glaube, jetzt verstehe ich den Grund, warum so viele straucheln. Ich habe es auch am eigenen Leibe gespürt und weiß selbst aus eigener Erfahrung, wie schwer der Weg ist.

Ariane: „Und dies betrifft nur die Materie, welches ein Hindernis auf dem Weg zum Magier darstellt. Es kommen noch die seelischen, geistigen und vor allen die gesundheitlichen Probleme hinzu, die den Weg zum Höllenritt machen. Ich merke schon, ich soll dies ausführlicher kommentieren. Bitte, dann sag ich es. Das erste Problem ist die Gedankenschulung, die zu Beginn überhaupt nicht funktioniert. Der Schüler rackert sich ab, übt und übt, aber ohne den erhofften Erfolg. Das macht ihn fertig, zwingt ihn in die Knie. Daraus resultieren Verzweiflung, Depressionen und ähnliches, welches den Glauben mindern. Nun sind wir schon im seelischen Bereich, welcher sich noch stärker in unserer stofflichen Welt manifestiert. Solche Zustände der Trauer kennt jeder und jeder möchte davor fliehen. Doch die unbeherrschten Gedanken und Gefühle holen einen ein. Sie kennen ja keinen Raum und keine Zeit. Und der Teufels-Kreislauf beginnt. So, wie nun da rauskommen?"

Verlag: „Gute Frage!"

Ariane: „Es gibt zwei Wege. Der einfachste wäre, den Weg zum Magier zu verlassen, dann hören plötzlich alle Probleme von alleine auf. Ein Wunder! Der zweite Weg wäre hart an sich weiter zu arbeiten. Manche schaffen dies, sie geben nicht auf. Aber, . . . da gibt es ja noch die Krankheit, die einen meilenweit zurückwerfen kann. Und stell Dir vor, die Dämonen machen das. Sie legen einem ehrlich harte strebenden Schüler alle Steine in den Weg, die sie finden und zur Verfügung haben. Oje, schreit der Schüler entsetzt auf und wirft die Flinte ins Korn. Wer bleibt dann noch übrig?"

Verlag: „Nur die Auserwähltesten!"

Ariane: „Richtig, und wir sind wieder beim Anfang unseres Gespräches. Nur eine bescheidene Auswahl an Menschen sind in der Lage, den harten Weg zu gehen."

Verlag: „Und was nun?"

Ariane: „Was soll man da einem Fragenden antworten? Ich würde sagen, wie Bardon es sagt, dass man jede Menge Kraft mitbringen muss, wenn man diesen steilen Pfad betritt. Und vor allen Dingen jede Menge Geduld, denn die Zeit ist ein wichtiger Faktor. Es ist doch egal, wie weit man in einem Leben kommt. Viel wichtiger ist, dass man das Interesse und den Ernst am Weg nie verliert. Denn wer mit dem nötigen Ernst am Ball bleibt, hat die Chance von einem der größten Eingeweihten überhaupt in der Astralebene weiter geschult zu werden und erblickt dann in der nächsten Verkörperung in diesem Jammertal mit der nötigen Reife und Entwicklung das Licht der Welt, welches ihn im Gelingen des Adepten voranbringt. Und was will man mehr?"

2. Eine Vision von Shamballa

Ich möchte meinen Namen nicht nennen, denn dies ist ein mir zu intimes und persönliches Erlebnis, welches ich in dieser Zeitschrift schildern will.

Ich beginne diese Begebenheit zu berichten, dass ich vor vielen Jahren ein Hitzkopf war, der allen möglichen Mist machte, jeden Spaß haben musste, bis es einmal soweit war, dass das Schicksal mir einen Dämpfer aufdrückte. „Bis hierher und nicht weiter, mein Freund", sagte es, doch ihre feine, zarte Stimme hörte ich nicht. So musste sie schon schwere Geschütze auffahren, dessen Donnern selbst für einen „Sturschädel" wie mich unüberhörbar war.

Ich trank damals ziemlich gerne und viel und hatte vor kurzem meinen Führerschein gemacht. Ich war Mitte 20 und hörte nicht auf die besorgte Stimme meiner Eltern. So fuhr ich mit einem Auto und einem Mädchen – dem ich natürlich etwas bieten und als wahrer Kerl vor ihr bestehen wollte – alkoholisiert und mit stark erhöhter Geschwindigkeit, kam ins schleudern, glitt von der Fahrbahn ab und fuhr eine Böschung hinunter und überschlug mich. Meiner kleinen Freundin passierte zum Glück nichts, aber mir dafür um so mehr. Ich brach mir beide Beine, einige Rippen, schlug mir den Kopf an und verursachte damit eine schwere Gehirnerschütterung, welche mir unerträgliche Kopfschmerzen bereitete. Die Beine wurden schnell operativ versorgt, auch die Rippen heilten schnell, doch mein Schock und meine Kopfschmerzen ließen einfach nicht nach. Ich wollte nie mehr mit dem Auto fahren und vor allen Dingen hasste ich seit dem Alkohol! Ich beschäftigte mich seit einiger Zeit intensiv mit der Hermetik von Franz Bardon, nur theoretisch, und dies wollte ich nach dem Unfall ins Praktische umsetzen, denn ich erkannte den glücklichen Fingerzeig der Göttlichen Vorsehung. Jedoch mit meinem Kopf wurde und wurde es nicht besser. Ich war schon am verzweifeln, wusste mir keinen Rat. Die Ärzte in der Regensburger Klinik meinten, dass das noch einige Zeit dauern könnte, bis sich mein Zustand bessert. Der war nämlich mittlerweile unerträglich. Mit diesen Gedanken und mit noch tieferen Depressionen schlief ich dann ein und was ich dabei wahrnahm, sitzt bis heute bildlich in meinem Kopf fest:

Ich erwachte. Doch ich befand mich nicht im Krankenhaus, auch lag ich nicht im Bett, sondern ich stand auf einem Hügel und sah rund um mich schönste grüne Wiesen, in dessen Mitte sich ein glasklarer See befand. Doch das Allerschönste war, dass sich inmitten dieses Sees ein goldener, noch nie gesehener Tempel lag, der so wunderbar strahlt, aber nicht blendete, und mich magisch anzog.

„Da muss ich hin!", dachte ich.

„Soll ich dich rüberbringen", fragte ein wie aus dem Nichts erschienener freundlicher Mann, welcher mich einlud, auf seinem Boot Platz zu nehmen.

Vor Erstaunen konnte ich nur ein „Ja" stammeln und setzte mich in sein Gefährt. Die Augen des Mannes waren eigenartiger Weise genauso blau wie der See, fiel mir auf, doch die erhabene Stimmung, die eigenartige Szenerie ließen es nicht zu, auch nur eine Frage zu stellen. Als wir am anderen Ufer ankamen, deutete der Fährmann mir den Weg an, welchen ich zu gehen hatte. Ich verneigte mich dankbar und schritt einige wunderschöne Marmor-Stufen hinauf zu einem großen goldenen Tor, dessen Türen sich wie von alleine öffneten. Als ich hindurchschritt, konnte ich meinen Augen nicht trauen. Alles, aber auch alles war aus Gold. Alles funkelte und strahlte in diesem schönen Licht und rief in mir eine heitere, beschwingte aber gleichzeitig demütige Stimmung hervor. Die Depressionen waren verschwunden!

Ich schritt durch die Halle und sah, dass sich an den Wänden seltsame, mir nicht bekannte Symbole und Zeichen befanden. Es schien, als würden diese „Siegel" leben, pulsieren. Ich ging auf eine Wand zu und musste sie berühren. Ein Schauer durchrieselte mich, als ich meine Hand auf eines legte. Schnell nahm ich sie wieder weg. Ich drehte mich um und sah ein goldenes Lager, auf dem ich mich ausruhen musste, denn die Ausstrahlung des Tempels belastete mich zu sehr. Die ganzen Eindrücke konnte ich nicht verarbeiten. Ich legte mich auf das goldene Bett und hörte nur noch eine sanfte Stimme sagen: „Wir sehen uns wieder", und ich schlief ein.

Ich riss die Augen auf und musste um mich blicken. Ich sah kein Gold mehr, keinen Palast, sondern nahm das traurig aussehende Krankenzimmer wahr.

„War das alles echt? Hab ich alles wirklich erlebt?", schoss es mir durch den Kopf. Doch auf diese Frage hatte ich so schnell keine Antwort gefunden und ich schlief erneut ein, aber dieses Mal in der materiellen Welt.

3. Einige Geschichten über Bruder Franke

Anonymus

Diese wenig bekannte okkulte Persönlichkeit erwähnten wir kurz im Buch „Auf der Suche nach Meister Arion", da der dafür nötige Platz fehlte. Dank dieser Zeitschrift können wir dies nachholen und einen ausführlicheren Aufsatz über ihn verfassen.

Bruder Franke war Mitglied im Franziskaner-Orden, der im Jahre 1210 mündlich vom Papst genehmigt wurde. Die Magie und Mystik kam nicht nur durch die Wunder seines Gründers Franz von Assisi in den Orden, sondern vielmehr durch den bekannten Magier Roger Bacon.

Da meine Frau in der Kirche „Jesu Christi – der Heiligen der letzten Tage" war und dieser Mönch dort auch einen Teil seiner Arbeit vollbrachte, erzählte sie mir von ihm einige Begebenheiten. Im Stadtteil Dingen, wo die Kirche Jesu Christi stand, hielt Bruder Franke seine Predigen, die aber nicht auf die Inhalte der kirchlichen Gemeinde abgezielt waren, sondern seine Texte bezogen sich immer auf eine magisch-mystische Entwicklung, wie sie im „Adepten" von Franz Bardon beschrieben steht. Es ging bei ihm um Gedanken-kontrolle und Stille, das Aufstellen eines Seelenspiegels, um die fünf Sinnesschulung, ebenso über die vier Elemente sprach er gerne. Seine Reden sprühten nur so vor Feuer, sodass sich die Kirchen-mitglieder emporgehoben fühlten und begeistert seinen Lehren lauschten. Jedoch gab es immer ein paar Querulanten, die ihm die Suppe versalzten. Sie beschwerten sich beim Bischof der Kirche und glauben, dass er den Mönch Maßregeln würde. Aber Pustekuchen: Man hörte aus dem Bischofszimmer nur die eindringlichen Worte des Magiers, auf die der Bischof keine Antwort geben konnte. Strahlend verließ er den Raum, währenddessen der Geistliche Führer blass in seinem Stuhl versank.

Selbst Anion ging mit ihm eines Tages den Krankensegen erteilen und der Franziskaner zeigte Seila O. die rituelle Form der Behandlung. Er strich dem Kranken ein Öl auf den Scheitel, sagte dazu die vorgeschrieben Worte, machte ein paar Gesten und der Kranke war gesund. Anion staunte nicht schlecht, denn solche Spontanheilung sah auch er nur selten.

Die Patienten und viele Mitglieder der Kirche waren von Bruder Franke so tief beeindruckt, dass sie selbst heute noch in höchsten Tönen von ihm sprechen. Ich selbst kann das bestätigen, da wir immer noch Kontakt zu Barbara Q. haben, welche eine sehr nette und hilfsbereite Frau ist, die uns über schlimme Zeiten hinweggeholfen hat. „Er war ein fantastischer Mensch", sagte sie ganz verzückt.

Er kümmerte sich rührend um die kirchlichen Missionare, was heute noch weitergeführt wird. Sie bekamen immer etwas zu Essen, denn die Kirche kümmerte sich nicht darum. Er schulte sie auch hermetisch, erklärte ihnen gewisse Gesetze, so dass sie die christliche Religion besser verstanden. Er kannte die gesamte Bibel auswendig und konnte die zitierten Stellen genau bestimmen. Dies setzte nicht nur die Missionare wie Bruder Heni, Bruder Haff und Christens in Erstaunen. Heimlehrerin Forcher war so tief beeindruckt von ihm, dass sie heute noch von seinen „Wundern" spricht.

Immer wenn er auf Besuch war, aß und trank er nicht und ging auch nicht auf Toilette. „Das machen Eingeweihte, um ihr „Vorhaben" besser durchzusetzen", erklärte mir Ariane.

Als Franziskaner hatte er natürlich eine Tonsur, eine kahle Stelle am Kopf. Er wusste auch, dass der Vatikan ganze Bücher über die kleinen und großen Arkanen (Tarotkarten) unter dem Siegel der Verschwiegenheit hütete, wie ihren eigenen Augapfel.

Da der Franziskaner-Orden einer der wenigen hermetischen Orden in Europa ist, hat der inkarnierte Mönch aus seinem Vorleben eine hohe Reife mitgebracht, die ihm ein Lehr-Meister im Orden noch bereicherte und ihm Einweihung in unbekannte Mysterien offenbarte. Bruder Franke selbst war ein Meister, der jenseits der fünften Tarotkarte arbeitete.

Als Aluna ihm den „Weg zum wahren Adepten" zeigte, sah er sich dieses Buch an und sagte: „Leg es niemals beiseite. Es ist ein wunderbares Werk und zeigt die vollkommene Entwicklung zum Gottmenschen. Denn der Mensch geht seinen Weg zu Gott und Gott kommt ihm auf halber Strecke entgegen. Der Mensch wird Gott und Gott wird Mensch – der Gottmensch entsteht!"

Er war von fünf Uhr morgens an wach, machte seine hermetischen Übungen und war bis 11 Uhr Abends auf den Beinen – ohne Nahrung. Noch dazu pflege er eine kranke Frau, für die er die Verantwortung übernommen hatte. Er war für jeden da, wenn einer Hilfe benötigte. So auch Alunas Vater, der nicht nur schwer krank, sondern auch ein wahrer Choleriker war. Ihm riet er sieben Lebensbäume zu pflanzen, welche eine Besserung hervorrufen sollten. Und wirklich, er wurde zwar nicht gesund, aber sein cholerisches Temperament legte sich zusehends.

Bruder Franke schenkte meiner Frau eine Franziskaner-Statue, die er segnete. Er hielt seine Hände darüber und sagte: „Das bin ich", und plötzlich roch sie stark nach Weihrauch. Aber viel stärker machte sich der Geruch in der St. Johannis-Nacht bemerkbar, so als ob sie diesen Tag heiligen würde.

Da der Franziskaner auch viel Heimarbeit leistete und Aluna fleißig mithalf, ging ihr eines Tages das Essen aus. „Aluna", sagte ihre Mutter, „wir haben kein Essen mehr. Die Knödel und das Fleisch sind alle. Was sollen wir machen? Die Missionare haben alle noch Hunger und wir haben nichts mehr."

„Das müssen wir irgendwie den Leuten beibringen. Ich geh mal und sag Bescheid", meinte meine Frau.

Aluna ging ins Wohnzimmer, wo die jungen Leute saßen: „Es tut mir aufrichtig leid. Aber wir haben nichts mehr zu Essen."

„Geh doch noch mal in die Küche und sieh nach. Vielleicht befindet sich doch noch etwas in den Töpfen," sagte der Könner.

„Bruder Franke, dort ist nichts mehr. Wir haben alles schon durchsucht."

„Tu mir den Gefallen."

Aluna ging und als sie in der Küche war, kam ihr ihre Mutter schreiend vor Erstaunen entgegen.

„Aluna! Die Töpfe sind alle wieder voll. Wir haben wieder Nahrung. Komm und hilf mir, dann können wir den Hungrigen zu Essen geben."

Aluna konnte es nicht glauben und musste es selbst sehen. Es stimmte, die Töpfe waren randvoll.

Doch sein Leben hatte auch dunkle Seiten. Da er nur okkulte Predigen hielt, schwärzte ihn der Bischof der „Kirche Jesu Christi" beim Vatikan an. Selbiger veranlasste, dass er aus dem Orden rausgeschmissen wurde. Daraufhin musste er seine Ordenskleider ablegen und ein normales Leben führen.

Meine Frau bekam leider nicht mit, als er starb, aber die Mitglieder der Kirche Jesu Christi sagten alle, dass sein Tod unerwartet und plötzlich kam. Auch so kann ein Eingeweihter diese Ebene verlassen.

4. Die hermetische Spiegelmagie

Hohenstätten

Es gibt wirklich unzählige Bücher über Hellsehen, Spiegel- und Kristallmagie, aber keines, aber wirklich keines trifft des „Pudels Kern". Paul Sedir ist in gewisser Weise der einzige, der in seinem Buch „Magische Spiegel" als Voraussetzung zum Arbeiten die Harmonie, sprich den magischen Ausgleich, ohne dem nichts funktioniert, in den Vordergrund stellt. Seine hermetischen Lehren will ich hier kurz zusammenfassen, so dass sich der Schüler ein Bild davon machen kann.

Hermetisch sagt er: „Die ursprüngliche Vorstellung von Harmonie war die der griechischen Götterwelt, wo zwei Götter einen Ausgleich (eine Harmonie) zwischen zwei gegensätzlichen Kräften darstellten (z. B. zwischen dem Kriegsgott (Mars) und der Göttin der Liebe (Venus). Auch der Mensch war diesen Spannungen naturgemäß unterworfen (Gut, Böse – Krieg, Liebe usw.), allerdings hatte er die Fähigkeit, diese Spannungen zu befrieden."

„Vom ersten Augenblick an verstehen wir, dass sich der Mensch, um die Wahrsagekunst zu begreifen, zuerst um die Entwicklung seines Astralleibs (Astralkörpers) kümmern sollte, der in der Mitte des Systems steht und der die Hauptbedingung für die Entwicklung magischer Fähigkeiten ist."

„Ein magischer Spiegel stellt nur ein Instrument dar, das die Eingeweihten für die Entwicklung des Astralkörpers verwenden. Darüber hinaus können wir schließen, dass ein magischer Spiegel ein wichtiges Hilfsmittel ist. Das Geheimnis der Hellseherei liegt in der Verbreitung des Bewusstseinsfeldes, das man durch die Entwicklung des Willens und der Wünsche erreichen kann."

„Durch den Solarplexus steht der Körper (der physische Organismus) in Verbindung mit der Astralen Welt. An diesem „Punkt" verbinden sich äußere Astralenergie mit der inneren Nervenenergie, die sich dann über das ganze Nervensystem weiter verbreitet."

„Hellseherei ist die Fähigkeit, das zu sehen, was man mit der üblichen physischen Sehkraft nicht sehen kann. Man unterscheidet die Hellseherei in zeitliche und räumliche.

Die zeitliche – lässt die Zukunft (Prophezeiungen und Voraussagen) und die Vergangenheit „sehen".

Die räumliche – ist Quelle und Ursache für das, was man eine visuelle telepathische Halluzination nennt."

„Um diese Frage zu klären, verweisen wir auf die zahlreichen Forschungen und Experimente einiger Magnetiseure. Wenn wir die Experimente der Hellseherei von Mochini untersuchen, können wir Folgendes beobachten: Ein Somnambul (oder Perzepant von Perzeption – geistige Auffassung), der die Gesichter der anderen Teilnehmer des Experiments klar sieht und der mit diesen Menschen in Rapport steht (geistige Verbindung) und von einem Magnetiseur geführt wird, kann nichts davon hören und verstehen, was diese Menschen während des Experiments sagen. Aber wenn ein Somnambul die Hellseherei nicht entwickelte, sondern nur die Hellhörerei beherrscht, dann kann er im diesem Zustand nichts sehen, sondern nur hören. Daraus können wir schließen, dass das geistige Wesen eines Subjekts (das an einem magnetischen Experiment teilnimmt) durch eines oder durch ein anderes hyper-physikalisches Gefühl erscheint. Infolgedessen besitzt jedes dieser Gefühle sein eigenes spezielles Organ, d. h. wir haben sowohl körperliche (physische) Augen, Ohren und andere Sinnesorgane, als auch astrale Augen, Ohren usw. Aber dies führt zu der Frage: Wenn die Astralen Gefühle (Astralempfindungen) existieren (oder wenn wir solche Gefühle haben), warum empfinden wir diese Gefühle dann so selten und warum ist es so schwer, eine Möglichkeit zu erhalten, diese anzuwenden? Das passiert deswegen, weil wir ihre Wirkungen und Funktionen nicht begreifen können. Unser (normales) Bewusstsein ist nicht genug entwickelt und kann die Astralwelt nicht erreichen. Das Geheimnis der Entwicklung der Hellseherei liegt in der Entfaltung (Ausweitung) des Bewusstseinsfeldes."

„Nun sollten wir das Wort Bewusstsein klar deuten und bestimmen, um zu verstehen, auf welche Weise wir es entwickeln können. Das Bewusstsein ist eine subjektive Fähigkeit, die uns eine Möglichkeit gibt, die eigene Individualität (eigene Einzelpersönlichkeit) von anderen Objekten (oder Dingen) zu unterscheiden. Das ist eine Wechselbeziehung zwischen „Ich" und „ Ober-Ich", die sich durch die Systeme verschiedener Gefühle herausbildet. Seine Entfaltung liegt in der Entwicklung der Wahrnehmungsfähigkeit. Unsere Erfahrung lässt uns bestimmen, dass wir nur deshalb die Dinge und Objekte wahrnehmen, weil wir unsere Aufmerksamkeit darauf richten. Aber alle philosophischen Systeme erkennen an, dass die Natur der Aufmerksamkeit ein Willensakt ist. Daraus folgt, dass es nur einen einzigen Weg zur Entfaltung des Bewusstseinsfeldes gibt (das zum Zweck die Entwicklung der Hellseherei hat) – die Entwicklung des Willens und der Wünsche."

Wenn man einige Hellsehexperimente macht, reicht es nicht, nur die theoretische Seite der Hellseherei zu kennen, man sollte auch die Anwendungstechnik gut beherrschen. Deshalb teilt er Fähigkeiten, die hinter den vier Temperamenten mit ihren magischen Wirkungen stehen, wie folgt ein:

- **Cholerisches Temperament** – Neigung zum Hellsehen.
- **Melancholisches Temperament** – Fähigkeit, einige Erscheinungen zu beschwören und ihre Materialisation zu fördern.
- **Sanguinisches Temperament** – Neigung zum Hellhören.
- **Phlegmatisches Temperament** – Neigung zur Psychometrie

Des Weiteren klassifiziert er die magischen Spiegel. Für ihn gibt es folgende Spiegel mit Hilfe von:
- Kristallen
- Urimm und Tummim

- Goldene Spiegel, wo gewisse Formeln aufgeschrieben werden, die die Wirkung erleichtern
- mittels Kohle
- mittels zerriebenen Graphitpulver
- aus Silber
- verkohltem Holz
- Wasser, wo sich der Mond drin Spiegelt
- glänzende Gegenstände wie Schränke
- Kristallkugel mit magischen geladenen Symbolen versehen wie z. B. von John Dee. Dieser glaubte u. a. daran, dass ein besonderer Spiegel konstruiert werden könnte, der die magischen Kräfte der Sonne binden würde, und dass man dann mit Hilfe dieses Spiegels Botschaften und Gegenstände zu den Sternen transportieren könnte
- mit Hilfe eines jungfräulichen Kindes
- mit Hilfe eines Glas Wasser und einem geschwärztem Teller. Bei Eheleuten kann man den Ehering ins Glas legen
- zwei gegenüberstehende optische Spiegel
- mittels des Erzengels Uriel
- über Gebete, die die Gottverbundenheit andeuten
- mit Steinen
- über Schutzengelhilfe
- den Daumennagel schwarz färben
- Papier mit schwarzer Kohle färben

Nun zur hermetischen Praxis:

Die Hauptregel jedes okkulten Versuchs – sagt Sedir – ist:
- Man darf kein Werkzeug und keinen Gegenstand verwenden, ohne ihn vorher geweiht (magisch geladen) zu haben. Bardon schreibt, dass man den Spiegel mit der göttlichen Eigenschaft der Unantastbarkeit laden (weihen) soll.
- Man darf keinen Versuch machen, ohne vorher zum

Unsichtbaren gebetet zu haben, d. h. hermetisch, dass man die Gottverbundenheit angenommen hat. Man umschrieb das mit Gebeten an Anael – dem Schutzengel der Hellsehversuche.

- Bei jedem Hellsehversuch sollte man (innerlich) ruhig sein, eine unbewegliche Körperstellung einnehmen (Asana) und sich an einem stillen geräuschlosen Platz befinden.
- Die Inspiration, die Erscheinungen und das Ahnungsvermögen, die ein heiliger und moralisch reiner Mensch durch einen Kristall bekommt, sind wahrhaftig sehr groß.
- Bei der Anfertigung soll man diesen Spiegel andauernd und stark magnetisieren.
- Weihung erfolgt über Gebete und Vorsteher-Anrufungen, d. h. durch die Hilfe der Genien oder der Götter
- Aber wenn man glaubt, dass es einfach genügt, in einen Magischen Spiegel zu schauen, um gewünschte Bilder oder Erscheinungen zu sehen, so ist dies eine falsche Ansicht. Jede magische Operation, sogar die einfachste, braucht eine gründliche Vorbereitung, die Konzentration des Verstandes, völlige Ruhe und insbesondere ein tiefes Bewusstsein für die Schwierigkeit der Arbeit.

Einige Beispiele:

Als Beispiel eines der östlichen Magischen Spiegel, das von Papus in seinem „Praktische Magie" dargelegt wurde, wollen wir einen Versuch beschreiben, und zwar: „Ein Wahrsager (im Osten nennt man diesen üblicherweise Schek) nimmt einen weißen Fayenceteller (einfacher weißer Teller) und zeichnet mit schwarzer Farbe in die Mitte das folgende Symbol: Zwei sich kreuzende Dreiecke – eines mit der Spitze nach unten und das andere nach oben. In die Ecken der Figur schreibt er kabbalistische Symbole.
Dann ölt er den Teller mit Olivenöl ein. Um einen Versuch durchzuführen, wählt er ein Mädchen oder einen Jungen als Perzipanten und veranlasst diesen, in die Mitte der Figur zu schauen.

Dadurch erhält er Erscheinungen, wie sie die Somnambulen während eines Versuchs der Hellseherei normalerweise erhalten.

Die magischen Spiegel sind Werkzeuge zur Konzentration des Astrallichts. Für die Anfertigung eines Magischen Spiegels verwendet man Kohle, Kristall, Glas, Stein und verschiedene Metalle: Das hängt davon ab, was für ein Ziel sich ein Magnetiseur setzt.

Der einfachste magische Spiegel ist ein mit Wasser gefülltes Kristallglas: Durch dieses einfache Verfahren können wunderbare Resultate erzielt werden.

„Wir wollten einen Skeptiker davon überzeugen, dass die Magischen Spiegel „existieren und funktionieren", und haben ihn mit seiner Tochter zu einem magischen Treffen eingeladen", schreibt der Franzose. „Das kleine Mädchen sollte bei unserem Versuch ein Perzipant sein: Ein Kristallglas diente uns als Magischer Spiegel und die Kleine sollte aufmerksam und konzentriert in die Mitte des Glases schauen und ich hielt während dessen meine rechte Hand auf ihrem Kopf. Die kleine Hellseherin fing schon nach kurzer Zeit an, die Ereignisse zu beschreiben, die fern von uns geschehen sollten. Nach unserem Versuch haben wir ihre „Angaben" überprüft und alles, was das Mädchen beschrieben hatte, war wirklich passiert.

Wir wandten auch die Methoden des Cagliostro an und konnten wunderbare und interessante Ergebnisse erhalten, sogar dann, wenn unsere Perzipanten früher zuvor keinem Hypnotiseur nachgegeben haben."

Papus schildert einen weiteren Fall: „Seit einiger Zeit mache ich ab und zu Experimente mit verschiedenen Magischen Spiegeln und ich möchte Ihnen meine Ergebnisse mitteilen. Nicht alle Spiegel passen mir gleich gut: Es gibt einige, in denen ich überhaupt nichts sehen kann, auch dann nicht, wenn ich länger als eine halbe Stunde meinen Blick auf den Spiegel richte. Z. B. erhalte ich keine Erscheinungen aus den „galvanischen" Spiegeln, die Cahagnet für besonders wirkungsvoll hält. Daraus kann ich schließen, dass jeder Mensch eine angeborene Veranlagung zu einer ganz bestimmten Art von Magischen Spiegeln hat.

Jedenfalls habe ich die besten magischen Ergebnisse durch die folgenden Spiegel erhalten: Von dem mit Kohle schwarz gefärbten Blatt Papier, von dem verkohlten Holzbrett und dem Spiegel aus reinem Wollstoff. Meine dadurch erhaltenen Ergebnisse sind:

Schon einige Minuten nach Beginn des Versuchs war die Spiegelfläche mit einem dünnen weißlichen Dunst überzogen. Nach und nach war der Dunst immer dichter geworden und verwandelte sich in bläuliches phosphoreszierendes Licht. Dieses Licht breitete sich auf die umgebenden Gegenstände aus und übertrug auf diese einen ungewöhnlichen Widerschein. Danach verwandelte sich das Licht in große Wolken und diese flogen schnell vor dem Spiegel hin und her. Dann habe ich die Erscheinungen erhalten, die ich wünschte. Der Versuch dauerte nur 20 Minuten.

Ein weiteres interessantes Beispiel – Der Spiegel der Batak:

Dieses Ritual wurde von Stefan Freser beschrieben, der den „Tanz der Einweihung" bei Munda-Völkern (Völkerfamilie in Nordindien) im Agra (Stadt im indischen Unionsstaat) am Fluss Jumna gesehen und später niedergeschrieben hat. Die Munda-Völker nennen den Zustand der Hellseherei „Schlaf des Siolam". Hier ist seine Erzählung in Auszügen: „Ich und noch vier englische Offiziere hatten uns an einem festgesetzten Tag auf den Weg in ein Dorf gemacht, wo ein geheimnisvoller Tanz Sebeje stattfinden sollte. Der Scheich, ein hundertjähriger Greis, hieß uns freundlich willkommen und gab einem der Teilnehmer den Befehl, mit dem Ritual zu beginnen.

Zuerst wurde ein Kreis auf dem Boden gezogen: Zwei junge Hindu-Paare, die vor kurzem erst verlobt worden waren, brachten Lehmkrüge mit, die mit einer zähen schwarzen (dem Teer ähnlichen) Flüssigkeit gefüllt waren. Mit dieser Flüssigkeit haben die Paare dann den magischen Kreis gezogen.

Der Scheich erklärte, dass dieses Harz aus einer vulkanischen Kluft des Berges neben Gondwana (dem Tafelland in Mittelindien) entnommen wurde. Das Harz wurde im Juni von jungfräulichen Mädchen und Jungen gesammelt und nur in diesem Monat konnte man dort dieses Harz finden. Es wurde danach im Laufe von 49 Tagen und auf geheimnisvolle Weise von den jungen Menschen bearbeitet, währenddessen diese sich auf ihre Hochzeit vorbereiteten.

Am Rand des magischen Kreises wurde dann das heilige unauslöschliche Feuer angezündet. Über dem Feuer wurde ein Stativ befestigt, mit einem großen Lehmkelch darauf. Die erst kürzlich verlobten Hindu-Paare gossen ein Viertel Harz aus ihren Krügen in diesen Kelch.

Mehr als hundert „Zuschauer" versammelten sich, um dieses Ritual zu beobachten.

Dann kamen Musikanten, die Trommeln schlugen: Diese Musik führte die Zuschauer und die Teilnehmer zum heiligen Enthusiasmus. Während dessen erklärte der Scheich uns, dass das Feuer die schöpferische Weltseele der Natur symbolisiere. Über dieser Seele herrschen die drei göttlichen Kräfte des Parabrahma: Schöpferische, aufbewahrende und verwandelnde Kräfte und diese Kräfte werden symbolisiert durch das Stativ.

Neben dem Feuer wurde dann ein Pfahl in der Erde gerammt, der mit Kobrahäuten bedeckt und mit einer Kokosnuss gekrönt wurde. Dieser Pfahl symbolisierte die schöpferische Kraft der Gottheit: Die männliche Kraft – hart und eindringend. Und der Kelch über dem Feuer symbolisiert in diesem Zusammenhang die passive, gründliche und verhüllende – weibliche Kraft.

Nach der barbarischen „Musikbegleitung" gingen die Teilnehmer zum Tanz über: Diese ungewöhnlichen Tänze wurden von schrillen Schreie der Frauen und Mädchen begleitet. Diese Schreie verwandelten sich allmählich in Stumpfsinnigkeit.

Die jungen östlich gekleideten Frauen erzählten durch ihre graziösen und bezaubernden tänzerischen Körperbewegungen von Idealen der Liebespoesie. Sie tanzten um den Pfahl und berührten die Flüssigkeit im Kelch mit silbernen Löffeln im Takt der Musik. Gleichzeitig führten die verlobten Paare, die das Ritual begonnen hatten, symmetrische Körperbewegungen im Takt der Musik aus.

Der alte Scheich begann zu sprechen und seine dumpfe, magnetische Stimme drang in den Verstand und das Bewusstsein der Zuhörer und wirkte auf diese so ein wie das Feuer auf das Wachs.

Er erzählte, mit der poetischen Sprache des Ostens, von der wahrhaften Natur der Leidenschaft, die eine geheime Wurzel der Menschenseele darstellt, die die Existenz der Menschen unterhält und als eine unsichtbare Sprungfeder dient: Sie setzt alles in Bewegung. Die Leidenschaft kann am Anfang das Wesentliche sein und sie besetzt zahlreiche Hierarchien der Kräfte. Sie ist ein Lebenselixier für den, der sie beherrschen und führen kann. Sie ist heilig und sie herrscht wie die allmächtige Hand unseres Herrn.

Dann erklärte der Scheich uns, dass die Flüssigkeit im Kelch an Leidenschaft reich ist, und durch die magische Kraft der Leidenschaft können die Hellseher in den Kristallen, die man mit dieser Flüssigkeit anfeuchtet, die Erscheinungen sehen: Sie haben die Möglichkeit, nicht nur Bilder des irdischen Lebens, sondern auch den „Aufenthaltsort" der Götter zu sehen. Das ist die wahrhafte „Tür", die in die astrale und geistige Welt führt.

Die Musik und die Tänze waren schneller und anstrengender geworden. Dann trennte sich eine der Bräute von den anderen und zog tanzend ihre reiche Bekleidung aus. Ihre Freundin blieb auf ihrem Platz und berührte weiterhin die schwarze Flüssigkeit zusammen mit den beiden Bräutigamen, dabei sprachen sie einen magischen Zauberspruch. Die erste Braut tanzte weiter: Sie war ganz nackt und wunderschön. Sie sah so aus, als ob sie das große Wissen des Hinduheiligtums symbolisieren und das Geheimnis enthüllen würde. Jede ihrer Gesten stellte irgendeine geheime Kraft dar und ihr magischer Blick erzählte etwas über das Universum. Die bezauberten Zuschauer sahen schweigend zu und versuchten, ihre geheimnisvollen Symbole zu begreifen, aber das größte und unbeschreiblichste Geheimnis war ihre Schönheit.

Die Braut kam zu mir, nahm mich bei der Hand und führte mich zu dem magischen Kelch. Als ich in den Kelch hinein schaute, war ich überrascht: Ich sah keine schwarze Flüssigkeit mehr, sondern eine wunderbar bunte Flüssigkeit, die sich fortwährend veränderte. Diese Flüssigkeit zeigte mir verschiedene wunderschöne Blumen und den Blättern ähnliche Bilder. Der Scheich goss etwas Flüssigkeit in eine kleine Tasse ab und gab mir diese. In dieser Tasse sah ich meine Freunde und Verwandten und auch andere Erscheinungen."

Ein anderes Beispiel: „Ich konzentrierte meinen Blick auf die Spiegelfläche und nach einigen Minuten hüllte sich die Spiegelfläche in Nebel und verschwamm in einem weißlichen Dunst. Nach und nach verdichtete sich der Dunst und verwandelte sich in bläuliches phosphoreszierendes Licht, das sich auf die umgebenden Gegenstände verbreitete und denen ein besonderes Blitzen folgte. Schließlich wandelte sich das Licht in große Wolken um, die vor dem Spiegel schwebten. Dann wurden bestimmte Formen in dem Spiegel sichtbar und ich konnte die Erscheinungen klar sehen."

Mein Freund und fleißiger Mitarbeiter – „Der Student" – hat mir genau zu diesem Thema eine wunderbare rituelle Form der arabischen Spiegelmagie ausgearbeitet, wie ich es in dieser Form noch nie gelesen habe. Man kann wie immer wunderbare Analogien zu den hermetischen Gesetzen ziehen:

„Kaca Benggala" Ritual:

„Kaca Benggala" bedeutet so etwas wie „dicker, großer Spiegel". Dieses Ritual dient dazu, einen Dieb, welcher Dinge gestohlen hat zu identifizieren. Man braucht allerdings einen „Assistenten" und zwar ein Kind unter 10 Jahren. Das Kind soll höchstwahrscheinlich den Aspekt der „Reinheit" symbolisieren, der auf dem Weg unersetzlich ist. In der heutigen Zeit allerdings kann diese Art von Ritual möglicherweise zu höchst „unangenehmen" Situationen führen!

Mein Rat wäre, die Finger von dieser Praktik zu lassen. Es gibt auch einfachere Methoden um Diebe aufzuspühren. Je nach Reifegrad, von anderen Ritualen dieser Art (jedoch ohne Kinder), bis hin zu „im Akasha lesen" oder den Dieb einfach „hellsichtig" ermitteln.

1.) Man benötigt einen (tiefen) großen weißen Porzellanteller. In diesen gießt man etwas Kokosnussöl.

2.) Danach zündet man ein weiße Kerze an.

3.) Jetzt rezitiert man dreimal die Sure „Al-Fathiha".

4.) Danach neunmal „Sholawat Allahumma sholli alaa Muhammad".

5.) Nun das Schlüsselgebet: „Oh Gott, zeige uns die absolute Wahrheit!"

6.) Jetzt nimmt man den Teller mit der linken Hand und hält ihn über die Kerze (selbstverständlich nicht zu nahe).

7.) Nun bittet man das Kind in dem (mit Kokosöl gefüllten) Teller zu sehen.

8.) Während es dies tut, muss man das Genick des Kindes mit der rechten Hand halten und währenddessen folgendes Gebet sagen: „Wal malakul ladzii bilaa abin wa ummin, laa akla laa syurba wa laa nawma lahum."

Das Gebet muss solange wiederholt werden, bis das Kind etwas in dem Teller sehen kann. So es Allah will, wird man auf diese Weise den Dieb identifizieren können.

5. Konzentrations-Methoden der Genies

Praktikus

Wenn wir ein Genie, einen Künstler oder Dichter bei ihrer schöpferischen Tätigkeit beobachten, werden wir oft finden, dass sie sich zuweilen ganz seltsamer, dem normalen Menschen verstiegen anmutender Mittel oder Methoden bedienen, um ihre Gedanken restlos auf die Arbeit zu konzentrieren, um sich völlig an ihr Werk hingeben zu können. Hier und da haben diese Methoden ursprünglich wohl mehr zum Ziel, äußere Störungen auszuschalten, meistens aber führen sie zu höchster schöpferischer Konzentration und Dynamisierung aller Gedankenkräfte.

Bei jeden Menschen sind es andere Dinge, die für ihn einen besonderen Anreiz zur Arbeit und bei der Arbeit darstellen oder seine schöpferischen Fähigkeiten zu entfalten helfen. Die folgenden Beispiele aus dem Leben einiger bekannter Größen mögen dies zeigen:

Aristoteles konnte bekanntlich nur dann geistig arbeiten und seine Ideen entwickeln, wenn er in seinem Hause mit auf dem Rücken verschrenkten Armen unermüdlich auf und ab ging. Der Rhythmus des Hin- und Hergehens erzeugte in ihm einen entsprechenden Rhythmus in den Gedanken und regte sein Bestreben, folgerichtig Schritt für Schritt weiterzudenken, an.

Balzac schuf seine Hauptarbeiten während der Nacht. Er ging regelmäßig um sechs Uhr abends zu Bett, stand um Mitternacht auf und arbeitete dann ununterbrochen bis zum Morgen. Zwischendurch frönte er seiner zweiten Leidenschaft, dem schwarzen Kaffee. Außerdem musste er bei seinen Arbeiten stets eine weiße Mönchskutte tragen, sonst kamen ihm die Gedanken nur stockend. – Drei Konzentrationsmittel, an die man sich mit der Zeit so gewöhnen kann, dass man schließlich ohne sie nicht mehr zu schaffen vermag. Sie sind wie ein erstes Ankurbeln: Nachher läuft der psychische

Automatismus um so besser von allein.

Caruso hatte eine der letzteren Gewohnheiten Balzac´s sehr ähnliche; er soll bei seinen Studien und Übungen stets einen langen Königsmantel getragen haben, um seine Aufmerksamkeit besser konzentrieren zu können. Der Königsmantel war für ihn der Ansporn zu königlichem Gesang. Ein interessanter Fall einer „als ob"-Suggestion, die ja auch dem Hermetiker in anderen Formen gute Dienste zu leisten vermag und schon geleistet hat.

Flaubert soll sich, wie berichtet wird, auf dem Teppich gewälzt haben, wenn ihm ein Satz nicht gefiel oder die Fassung eines Gedankens ihm Schwierigkeiten machte. Dadurch kam er – das ist wohl auch der tiefere Sinn dieser symbolischen Handlung – wieder in den richtigen Schwung oder oder Dreh.

Gluck konnte, so erzählte man sich, am besten Komponieren, wenn an beiden Seiten seines Klaviers eine gefüllte Flasche Sekt stand. Nicht übel, dies soll sogar für arbeitsscheue Genießer ein gutes Reizmittel sein; aber vielleicht war für ihn der spritzige Sekt doch nur ein Vorbild für die Art seines Schaffens, sozusagen eine Anregung, musikalischen „Sekt" zu schaffen.

Goethe liebte, wie manch andere schaffende Künstler, lange, einsame Spaziergänge in der Natur. Gerade in der Einsamkeit kommen die besten Gedanken, gerade die stille Abgeschiedenheit eines Waldes oder die gewaltige Einsamkeit des Meeres bringt uns am raschesten mit den schöpferischen Quellen unseres Inneren in Verbindung.

Bret Harte, der Verfasser der „Katholischen Novellen", regte sich dadurch an, dass er für die Nacht vor einer größeren Arbeit einen Wagen mietet und sich durch die dunkle Nacht fahren lies. Auch hier haben wir das Suchen nach der Einsamkeit und nächtlichen Stille, in der sich unser Schöpfertum am vollkommensten entfaltet.

Haydn konnte nur dann Komponieren, wenn er aufs sorgfältigste gekleidet und frisiert war. Vielleicht geht diese Neigung auf einen Minderwertigkeitkomplex zurück; jedenfalls ist diese Gewohnheit geeignet, ein schwaches Selbstbewusstsein stark zu heben, weshalb diese Gepflogenheit sich auch für andere Menschen empfiehlt. Das Sprichwort: „Kleider machen Leute!" hat – wie viele andere Sprichwörter – für den Hermetiker einen tiefern Sinn: Es will sagen: „Du wirst manchmal das, was du anziehst!" Auch Balzac, Caruso, **Wagner** – der bei der Arbeit stets einen langen Schlafrock von gelber Farbe tragen musste – sind Bekenner des „Kultus der Kleider". Von Anderen wiederum ist bekannt, dass sie sich bei der Arbeit am wohlsten in geringen Kleidern fühlten und darin ihre besten Gedanken bekamen. Sie gaben sich damit gewissermaßen in einem fort die überaus positive Suggestion der absoluten Unabhängigkeit von äußeren Dingen.

Ibsen pflegte beim Schreiben seiner Dramen die einzelnen Auftritte mit kleinen Figürchen mit Tierfratzen darzustellen. Diese Gegenüberstellung auf dem Schreibtisch diente ihm zur Festhaltung der Konzentration auf den logischen Zusammenhang des Dramas und der Charaktere der einzelnen Personen. Auch ein gutes Konzentrationsmittel.

Schiller wurde bekanntlich durch den Geruch fauler Äpfel zu höchster Schaffensfreude angeregt. Wenn er nicht einige faule Äpfel in seiner Schreibtischschublade hatte, konnte er sich nicht konzentrieren, noch – was ja im Grunde dasselbe ist – sich in Stimmung versetzen. Konzentrationsmittel dieser Gruppe gibt es unzählige. So fällt mir gerade ein Berliner Professor ein, der seine Gedanken nur dann zu entwickeln vermochte, wenn er seinen Finger in die Nase hielt. Ein anderer hatte die Gewohnheit, sich das Kinn zu reiben; wieder ein Anderer arbeitet am liebsten dann, wenn die Briefschaften und Manuskripte auf seinem Schreibtisch ein Miniatur-Gebirge bildeten. Es sei noch erwähnt, dass auch Schiller ein Nachtarbeiter war, weil ihm nachts die besten Gedanken kamen. Tagsüber schlief er meistens.

Shaw hingegen empfing die Anregung zu seinen Stücken meistens auf seinen Fahrten mit dem Bus durch die belebten Londoner Straßen. Mitten im wildesten Verkehr schreibt er seine Notizen nieder. Shaw ist ein wunderbares Mikrophon, das die disharmonischen Schallwellen der Straße in kraftvolle psychische Schwingungen und dramatische Szenen umzuwandeln versteht!

Stevenson, der Verfasser des bekannten Romans „Dr. Jekyll und Mr. Hyde" griff, wenn er seinen Gedanken den nötigen Schwung verleihen wollte, zur Picclo-Flöte. Er teilte diese Methode, sich zu konzentrieren mit vielen anderen; so kenne ich einen, der sich von einem Freunde ein Stückchen auf dem Flügel vorspielen lässt und während dem zu arbeiten beginnt. Er hört und sieht dann nichts mehr von der Umwelt. Musik stellt für sehr viele Menschen ein wunderbares Einstellungs- und Konzentrationsmittel dar; aber durchaus nicht für alle!

Voltaire musste, um arbeiten zu können, ein abgezähltes Dutzend gut gespitzter Bleistifte vor sich sehen, vordem fing er nicht an. Auch diese Neigung, die wohl ursprünglich auf das Bestreben zurückgeht, äußere Störungen bei der Arbeit, wie Bleistiftspitzen usw. möglichst auszuschalten, teilt er mit vielen anderen, vor allem Schriftstellern. Ein Fall ist mir auch erinnerlich, wo ein Redakteur nicht bei der Sache war, wenn er nicht einen genügend großen Haufen Schreibpapier vor sich hatte. Ein Berg neuen Schreibpapiers war für ihn die beste Anregung zu neuer Arbeit.

Man könnte noch mehr derartige Fälle nennen, aber wir wollten die Beispiele weniger anführen, um sie zur Nachahmung zu empfehlen, wozu sie sich aber dennoch eignen, sondern lediglich, um zu zeigen, dass schließlich jeder einem ihm gemäßen Weg finden muss, um die höchste Konzentration zu erlangen.

Der eine zündet eine Räucherkerze an, um sich mit Hilfe des Weihrauchartigen Duftes beliebig viele Stunden in dauernder Konzentration und schöpferischer Arbeitsstimmung zu erhalten; einem anderem leistet irgend ein Parfüm den gleichen Dienst – Gerüche sind überhaupt gute Konzentrationsmittel! –; wieder ein anderer hat die Gewohnheit, sich vor der Arbeit zu entspannen und wenn er ganz still geworden ist, ein und denselben Ton einige Augenblicke hindurch in wechselnden Stärken vor sich hin zu summen; wieder Anderen kommen die besten Gedanken bei

Gewitter, Meeresrauschen, Bachgeplätscher, bei dem monotonen Geriesel des fallenden Regens oder bei sonst einem periodisch wiederkehrenden Geräusch, ohne das sie schließlich kaum mehr Arbeiten können; wieder Andere arbeiten hauptsächlich bei Sonnenaufgang, weil sie meinen, dass um diese Zeit der Mensch am fähigsten ist, sich schöpferisch zu betätigen; wieder Anderen ist der „Konzentrator" längst das letzte Rettungsmittel geworden, sich zu Konzentrieren und in schöpferischer Gedankentätigkeit zu bringen; wieder Andere müssen irgend einen Fetisch auf dem Schreibtisch haben oder eine Katze, ohne die sie nicht arbeiten können (z. B. Goethe).

Ganz ohne derartige Stimulantia arbeitet kaum ein schaffender Mensch und wenn dieses Stimulans auch nur irgend eine anregende oder anfeuernde Vorstellung oder Erinnerung wäre. Bewusst oder unbewusst bedient sich schließlich jeder irgend eines Anreizes – selbst wenn es nur der Gedanke an den Erfolg wäre.

6. Exotische Rituale

„Der Student"

Zu Beginn möchte ich anmerken, dass ich bei weitem kein Experte auf dem magischen Gebiet bin! Verzeihen Sie mir bitte daher eventuelle Fehlinformationen, denn diese „Rituale" bergen alle eine tiefe Symbolik, die der Hermetiker erst entschlüsseln muss, wenn er sie anwenden will. Hier möchte ich den geneigten Leser mehrere Rituale vorstellen, die für die Hermetik und auch sonst von nicht unerheblichem Interesse sein könnten und ihm eine kleine Auflockerung bieten soll bei diesen ganzen hochgeistigen Themen. Nahezu alle diese Rituale stammen aus unterschiedlichen Quellen, z. B. des „S.O.A" (Süd-Ost-Asien) Gebietes, der taoistischen Magie und aus arabischen-islamischen Quellen („Al-Hikmah" etc.).

1.) „Ilmu paham lisan"

Ein Ritual um andere Sprachen und Schriften zu lernen bzw. sehr schnell zu beherrschen. Meiner Ansicht nach eines der nützlichsten Rituale überhaupt. Man fastet für 21 Tage (Sunnah-Methode) und liest das Mantra 21x nach jedem Gebet (für Moslems) und 131x nach dem Abendgebet.

Mantra:

„Bismillaahirrahmaanirrahiim. Iqra´ bi-ismi rabbikal ladzii khalaqa. Khalaqal insaana min ´alaqin. Iqra´ warabbukal akramu. Alladzii ´allama bilqalami. ´Allamal insaana maa lam ya´lam."

Anwendung: Mit angehaltenem Atem einmal lesen, kurz bevor man zu der fremdsprachigen Person sprechen oder einen Text (Buch etc.) in einer fremden Sprache lesen will.

2.) „Ilmu rombak jasad"

Ein Ritual, wenn man seinen eigenen Körper verändern bzw. verbessern will, entweder neue Zähne wachsen lassen, dicker, werden, größer werden usw. Man fastet für neun Tage (Sunnah-Methode) und wiederholt das Mantra jeden Tag nach den Gebeten (für Moslems) für insgesamt 21x. Nach dem Abendgebet wiederholt man es 31x. Danach haucht man dreimal in seine rechte Hand und berührt die Körperteile, die man verändert haben will.

Mantra:

„Bismillaahirrahmaanirrahiim. Alladzii kholaqoka fasawwaaka fa ʿadalaka. Fii ayyi shuurotin maa syaa-a rokkabaka. Robbi innii as ʿaluka . . . biniʿmatim minalloohu."

Wenn Allah es will, wird man nach 100 Tagen die gewünschte Veränderung bekommen haben.

3.) „Der Schlag, genannt Allah's Tiger":

Man kann damit angeblich ganze Betonwände zertrümmern. Es wird ein „Wok" vorbereitet. Außerdem holt man sich ein inch (2,54 cm) dickes Stück „Rattan". Nun dreht man den „Wok" um und setzt sich im Schneidersitz darauf und spricht das Mantra, während man den Rattanstab anfängt zu drehen, als wolle man ihn „auswinden". Wenn man damit fertig ist, dann besitzt man die Fähigkeit. Wichtig ist allerdings, dass einen niemand sieht, und das man sich in einem körperlich, seelisch und geistig reinen Zustand befindet.

Mantra:

„Bismillahir rahmanir rahiim, Epe-epeku gade gelep Lenganku gade gelep, Tanganku gade besi, Jerijiku gade gunting, Basingku cekel remek, Basingku samber putung, AKULAH ANAK HARIMAU ALLAH, Hak mutlak kata Allah."

Die Beschwörung der 4 Elemente auf Arabisch:

Feuer: „INNA QUWWATIN NAKABAN NATAH WA INNAKA QUWWATAN AZLAMUSYIN WA NARIN TALHABAT"

Erde: „INNA QUWWATIN BI SAYFIL FUALISYIN NAKABAN WA KITABAN NATAH BI ASYMASYIN TOQOSYIN FAL ARDHI JALJALAT"

Luft: „INNA QUWWATIN I'ZZATI AYMAKUSIN SYAHADATAN SYAHADATIN KITABAN NATAH SAHABIN MIN SAMA'IKA"

Wasser: „INNA QUWWATIN NAKABANNATAH KITABANATAH BI KHAULIKA WAN FA'NA YA MAULA YA NAKABANATAH"

„Saefi's":

„Saefi's" . . . das sind spezielle, sehr starke magische Gebete, deren Wirkung teilweise an quabbalistische Formeln erinnert. „Saefi's" sind oft multifunktional und wirken sehr schnell und extrem stark. Hier ein paar zur Freude der Leser.

1.) „Saefi Qotil" (zerstörendes Schwert):

Es dient zur Zerstörung von Feinden und ihrem Besitz. Diese Ritual muss Samstags vor Sonnenaufgang vollzogen werden:

Rezitiere: „Hasbuna l-lahu wani'ma l-wakilu (681x)
Rezitiere: Sure Al-Imran Ayat 173 (1000x)
Rezitiere: Sure Al-Maidah Ayat 59-60 (einmal)
Rezitiere: Saefi Qotil (einmal)

Saefi Qotil: BISMILLAHIRRAHMANIRRAHEEM KHUDZUU ...
AKHODZA 'AZIZIN MUTAQODDIRIN FABILLAHI WA
BIROSUULIHI SALLALLOHU ALAIHI WA SALLAM SUMMA
BIKUM AJIIBUU BILLADZI KHOLAQOKUM MIN NURIHI WA
ASKANAKUM FI SAMA IHI WA ADNAKUM MIN HIJABIHI
WA QOROBAKUM MIN 'ARSYIHI WA AMADDAKUM BI
NURIN MUSYA'SYA 'IN LAMI'IN TAKHTIFU BIHIL ABSORU
WA JA 'ALA BI AYDIIKUM HAROBAN MIN NARIL MAGBUTI
BIHUBBIKUM ALAIKUM BIL KALIMATIL MUQODDASATI
YA KHUDDAMU HADZIHIL ASMA I WAL AYATIS SYATIS
SYARIFATI IF 'ALUU MA'A . . . (Den Namen des Feindes, und
was mit Ihm passieren soll, in die gepunktete Linie einfügen.)

2.) „Saefi Balad Serebu" (1000 Städte):

Es dient dazu, an sehr hohe magische Fähigkeiten zu kommen z. B.
Unverwundbarkeit gegen über allen Waffen (auch Schusswaffen!);
Unverwundbarkeit gegenüber allen Schlägen mit „harten Objekten"
(Eisenstangen etc.); die Fähigkeit schwere Objekte heben zu können;
die Fähigkeit Sand/grüne Bohnen/Taro in Soldaten zu verwandeln
(Diese Praktik ist auch in der taoistischen Magie bekannt). Wenn
man gegen viele Feinde kämpft, hat man sehr viele „helfende
Hände". Jedoch ist es extrem schwer, dieses „Saefi" zu meistern.
Man muss 21 Tage fasten (beginnend am Freitag) und dies dreimal
wiederholen (=63 Tage fasten). Kein Fleisch essen, nur drei grüne
Chillischoten und Leitungswasser. Rezitiere das „Saefi" 3333x nach
jedem Gebet (Moslem) und 13.113x um Mitternacht (Kein
Schreibfehler!). Am letzten Tag des Rituals soll man weder essen
noch schlafen, sondern nur Leitungswasser trinken. Spätnachmitttag
soll man aus gelbem Reis (ein Rezept) und (Jago-Huhn) „Cone's"
bereiten und diese dann mit vorher geladenen Gästen bei einem Mahl
verzehren.

7. Das stille Leben

Hohenstätten

Ich liege in meinem Bett aus goldenem Schaffell, eingehüllt mit den reinsten der feinen Pfauenfedern, die in ihren rötlichen Strahlen sogar dem Morgenlichte der Sonne einen Wettstreit um die Vorherrschaft des unbegrenzten Raumes abringen. Doch die am fernen Horizont Aufsteigende unterliegt nur einem kleinen Moment, so kein, das man kaum ein Alpha vom Omega unterscheiden kann und der Kreislauf der Räder sich aufs neue schließt.

Acht Speichen sind sein eigener Besitz, obwohl er Alles im Allem ist, hat er nichts erschaffen, denn was könnte **Er** aus der göttliche Tiefe, der absoluten Offenbarung in der Stille, schon gebären, wenn nicht ein Lichtfunke in die Mahayoni seiner so sehr geliebten und auf ewig vereinten Gemahlin eintritt, die den Namen „Täuschung" der Sterblichen, die sich in Asche verwandelten, trägt.

Dies war der erste Gedanke, der mich durchschoss, als mich der 1000ste Goldschein des osirischen Lichtes in Mitten seines Zentrum traf und wie ein nicht existierender Urknall mir durchs Rückenmark, dem Ort der Null, ins tiefste Loch, aus dem es nur einen Aufstieg gibt und mich mit Finsternis erhellte.

„Welch ein Gedankengang!", dachte ich in mir. „Kam jener von mir oder Dir?", und im selben Augenblick kam mir folgender Satz in den Sinn:

„Ich bin Du!"

Und ich erkannte darauf hin, wie klein ich sei und dies durchfuhr mich mit einer Plötzlichkeit der Erkenntnis von der Universellen Zahl EINS.

Da mir dies als des Rätsel Lösung schien, errichtete ich mein Haupt, auf dem der strahlende Äther sein funkelndes Spiel trieb und hörte in das weite Reich hinab, aus dem mir eine strenge aber dennoch gütige Stimme entgegen schall, durch Mark und Bein, von oben nach unten und umgekehrt, von unten nach oben, mit den Worten:

„Erwache, erwache, erwache mein teuerster Freund!"

Und siehe da, ich war wach und riss die Augen auf, erblickte Nichts, denn er war dunkelschwarz, wunderschön sichtig war der Raum in und um mir. In Ihm erblickte ich alle ferne Welten, ausgehend von der Mitte, wie dies schon ausdrückend die drei und ein halb Windungen an jenem aufrecht stehenden Phallus, dem Lichtträger, in der mit ihm wunderschönen, vereinten Vulva, die nass und gebärend auf die unbefleckte Empfängnis wartet!

Ich fuhr erschreckt aus meinem Bett hervor, mit Schweiß auf meiner Stirn: „Was für ein Traum!", schrie es wie von selbst. Ich erhob mich aus demselben, nackt wie beim ersten Mal, stampfte frohen Schrittes aus meinem Zimmer, das mit dem schönen Bilde des tanzenden Rhythmus einen mir so vertrauten Eindruck in meiner Selbst hinterließ, ging vorüber an dem Gott, der mit seiner ihm ehrfurchtgebärenden Frau in innigster Umarmung verweilte, mit den Worten – Geben statt nehmen!

Derartige Gedanken durchzucken meine Matrizen und saugen ihr den Standpunkt des schöpferischen Samens der Vitalität ab und machen mich zu einem Mönch, der keiner seiner beiden Hände flehend am Eingangstor des Tempels emporstreckte, bekleidet mit dem Gewande der für ihn so nutzbringenden Sünde, den Einlass nicht gewährend, sich wieder hinab gibt in den Taumel des Sexus um aus genau dieser wieder zur gleichen Zeit die bereits gegangene Leiter erklimmt, mit wenigen Schritten, nackt wie ich im Moment unter der Dusche stehend und mir selbst geschaffene Geschöpfe vom Leibe wasche und mir das Licht des Äthers durch meinen Körper, von Fuß bis zum Kopfe durchflutet und aus mir einen Wassermenschen machend, ganz klar auf das Ziel des miefenden Sudes im Abfluss bezogen. Aus meinem Raume hinaus in die Welt der Geilen gehend, um dort mein

Leben im Lichte der Freimaurerei zum Schein zu tragen, so wie es einst der so sehr gerühmte aber dennoch klein gebliebene Cagliostro machte. Mit einem einzigen Unterschied:

Er mit Schein und ich mit Wein!

8. Der Seelenspiegel

Anonymus

Im folgenden, an mich gerichteten Brief, geht es um den Seelenspiegel, den ich hier aus einer brieflicher Sicht behandeln möchte, denn er ist das entscheidend Element für jeglichen geistigen Aufstieg:

Lieber Freund,

ich schreibe Dir heute, weil ich Fragen zum Thema Introspektion und zum Gleichgewicht habe. Folgendes Problem beschäftigt mich:

1. Man notiere alle Schwächen, Fehler, Leidenschaften etc.;
2. Dann folgt die Zuordnung zu den Elementen;
3. In drei Gruppen einteilen (die am stärksten beeinflussenden Fehler, die mittleren usw.);
4. Dann erfolgt die Erstellung des weißen Spiegels.

So, jetzt weiß ich zwar theoretisch, welches Element in mir vorherrscht, aber was nun?
Alle nach und nach durch Magie des Wassers, gute Absichten, Suggestion, mit dem Willen bearbeiten usw., wie es der große Meister im „Adepten" beschrieb? Aber wenn ich mir das näher ansehe, fällt mir auf, dass ich in diesem Leben wahrscheinlich damit nie den Ausgleich erreiche werde, denn es gibt viel zu viel dabei zu bearbeiten!

Welche Möglichkeiten gibt es noch zur Beherrschung des Charakters?

Im „Adepten" kann man auf Seite 163 nachlesen, wie man durch die

Analogie der Elemente das Gleichgewicht durch Konzentrations-übungen beeinflussen kann. Aber so viel bringt das auch nicht, wenn, so wie Bardon meint, gute Schüler gar Hunderte von Eigenschaften finden.

Gut! In nehme deshalb an, der Seelenspiegel ist eine Lebensaufgabe. Egal wie weit man kommt, Hauptsache man strebt das Gleichgewicht an. Liege ich da richtig?

Wenn das Aufstellen des Seelen-Spiegels die Vorübung zu den eigentlichen Übungen im Adepten darstellt – denn Bardon schreibt im Kapitel „Introspektion oder Selbsterkenntnis": „Diese Selbst-analyse ist eine der wichtigsten magischen Vorarbeiten", dann ist mir auch klar, warum die allermeisten Schüler nicht weit kommen. Naja, vielleicht in der übernächsten Inkarnation . . .

Und was ist der „Göttliche Spiegel"? Du meintest, in der Zeitschrift „Der hermetische Bund teilt mit" gibt es etwas zu dem Thema, aber noch ist die Sendung nicht da. Ich lese es sonst nach, falls Du im Moment zu kurz gebunden sein solltest.

Nun gut, ich wünsche Euch ein schönes Wochenende und bis bald!

Liebe Grüße!

. . .

*

Meine Antwort war wie folgt:

Mein lieber Freund,

so nun gleich zum Wesentlichen: Dem Seelenspiegel:

1. Alles notieren was einem einfällt, nichts davon einfach abschreiben, außer die, die im „Adepten" stehen, falls man sie besitzt, sonst NICHT! Denn diese sollen als Anregung zum Nachdenken dienen, woraus Du weitere Analogien ziehen kannst.
2. Dann in die Elemente einteilen, ganz individuell, denn bei JEDEM ist die Einteilung anderes. Bei einem ist die Ausdauer im Feuerelement, beim anderen im Erd-Tattwa. Aus diesem Grund schreibt Bardon manchmal eine Eigenschaft in zwei Elemente, was manch einen Leser verwundern dürfte.
3. In die drei den Ebenen unterstehenden Rubriken einteilen.
4. Zuerst den schwarzen Spiegel, danach den weißen. Wenn du aber besser umgekehrt klar kommst, dann mach zuerst den weißen und dann den schwarzen. Alles ist individuell zu betrachten. Der Schwarze wäre nur besser, weil Du dann sofort erkennst, wo Deine Schwächen liegen und welche Du am besten bearbeiten sollst.

Wenn der Spiegel steht, dann kannst Du die Eigenschaften bekämpfen, die für Dich ein Hindernis in der Entwicklung darstellen. Dies ist wiederum ganz individuell zu betrachten. Bei jedem ist das anders! Das fällt Dir aber unweigerlich an Hand der Gedanken-beobachtung im Alltag auf. Das ist ein Mitgrund, warum man bewusst leben sollte, damit einen all dies klar wird. Man beginnt am besten zu kämpfen gegen die Eigenschaften der untersten Ebene, weil diese am leichtesten zu besiegen sind. So wie Bardon das im Original-„Frabato" geraten hat! Aber mach Dir deswegen keine Sorgen, denn viele, nein sehr viele Eigenschaften fallen von alleine ab. Einmal durch den veränderten Alltag, durchs Berufsleben und vor allen Dingen durch das Schicksal usw. Allein auch, weil Du Dich mit Hermetik beschäftigst.

Die Methoden der Bekämpfung stehen im „Adepten", aber auch im Buch „Das magische Gleichgewicht" stehen noch weitere Praktiken, die Dir nützlich sein könnten. Und vergiss nicht die Meditationen zur Vergöttlichung des Charakters. Das ist ein weiterer Faktor, der noch hinzu kommt, dass Du dadurch über den menschlichen Leidenschaften stehst. Aber davor musst Du noch die Göttlichen Eigenschaften aufstellen. Das kommt auch noch hinzu. In jeder Zeitschrift wird ein Beitrag über die Vergöttlichung geschrieben. Aber Stück für Stück, sodass keiner überfordert wird.

Die Konzentrationsübungen der 6. Stufe im „Adepten" beziehen sich rein auf das mentale Gleichgewicht. Das ist für uns im Moment nicht von Belang.

Wie viele Eigenschaften Du hast, ist auch wiederum individuell, wie alles, was mit dem Seelenspiegel in Zusammenhang steht. Du hast vollkommen recht, der Seelenspiegel ist ein Lebensaufgabe. Das wichtigste ist, dass man ausgeglichen sein muss und das Gleichgewicht erreicht hat, denn dann beginnt erst die eigentliche praktische Magie!

Ich weiß, das hört sich sehr hart an. Aber wenn man beachtet, dass das Aufstellen des Seelenspiegels nur als eine Vorarbeit zu werten ist – wie der Meister schreibt – damit man weiß, wie und wo man charakterlich zu kämpfen hat, ist es verständlich, dass die wenigsten Erfolg bei den Übungen haben, denn wer will schon sein Leben lang am Seelen-Spiegel arbeiten, minimale Fortschritte bei den Übungen verbuchen, nur leiden und depressiv sein . . . ich glaub keiner! Aus diesem Grund brachen die meisten Mitglieder des „Bardon-Kreis des Bundes" zusammen und verließen den Weg!
Aber, und jetzt kommt das Typische aber, lohnt sich die harte Arbeit dennoch in einer Weise, die man nicht für möglich hält. Auch wenn man keinen Fortschritt hat, kann man durch die Bearbeitung seines Spiegels Erkenntnis bekommen, die einem im Alltag sehr weiter helfen, Probleme besser zu lösen, Schwierigkeiten besser klären, man kommt dadurch leichter durchs Leben, man weiß viel besser um was

es im Leben geht, ja man kann sagen, dass man über dem Durchschnittsmenschen steht und allein dadurch schon ausgeglichener sein Leben meistert! Hinzu kommt noch, dass sich die innere Stimme langsam aber sicher meldet, dass das Gewissen lauter mit einem spricht und als Wegweiser dient . . . und das geht dann noch viel weiter, je mehr man sich dem Gleichgewicht nähert, . . . und dafür würde ich dann schon ein Leben lang hart kämpfen, wenn ich weiß, dass die Grundlage geschaffen ist und ich dann mein Leben nicht umsonst gelebt habe. Geht man dann nur mit seiner charakterlichen Arbeit in der Hand über die astrale Schwelle, wirst Du mit Pauken- und Trompetenklängen empfangen, denn die geistige Welt – die wahre Heimat erkennt einen wahren Menschen und würdigt in ungeahnter Weise den ernst an sich veredelten Hermetiker. Selbst der Meister verneigt sich vor dem Schüler und ehrt ihn durch seine Anwesenheit, denn er ist stolz auf seinen Schüler, der mit Ernst und der rechten Disziplin an dem hermetischen Weg arbeitete und nicht locker ließ, sondern hart und ehrlich gegen sich selbst strebte, um die Basis seiner Entwicklung zu bekommen . . .

So, ich glaube, nun sieht die Sache mit dem Seelenspiegel gleich viel verlockender aus. Na, hast Du wieder Lust bekommen, weiter zu machen?

Es grüßt Dich Dein Freund

. . .

9. Achtsamkeit – Spiegel des Geistes

Jamyang Dorje

Ehre dem König – spontane Achtsamkeit.
Ich bin der Vajra der Achtsamkeit. Schaut her, Vajrafreunde!
Und wenn ihr mich seht, dann seit achtsam.
Ich bin der Spiegel der Achtsamkeit und zeige umsichtige Achtsamkeit in aller Klarheit. Schaut unabgelenkt auf das Wesen des Geistes.
Achtsamkeit ist die Grundlage des Dharma.
Achtsamkeit ist das Wesentliche des Weges.
Achtsamkeit ist die Festung des Geistes.
Achtsamkeit ist der Freund der ursprünglichen Weisheit natürlicher Bewusstheit (rig-pa).
Achtsamkeit ist die Stütze von Mahamudra, Maha Ati und Madyamika.
Ohne Achtsamkeit werden wir vor den negativen Kräften überwältigt.
Ohne Achtsamkeit werden wir von Faulheit hinweggefegt.
Durch Nicht-Achtsamkeit werden alle Fehler begangen.
Durch Nicht-Achtsamkeit wird kein Sinn erfüllt.
Nicht-Achtsamkeit ist wie ein Hügel von Mist.
Nicht-Achtsamkeit ist wie das Schlafen in einem Ozean von Urin.
Nicht-Achtsamkeit ist wie ein Leichnam ohne Herz.

Darum: Seid achtsam!

10. Ein einfaches Schlaf-Ritual

Dieses „Ritual" bekam ich von meinem Freund und Mitarbeiter „Der Student", welches er mir folgendermaßen beschrieb:

Man stellt sich ein Glas mit frischem Wasser, eine weiße Serviette auf der man gutes Salz – Stein- oder Meersalz – legt, auf sein Nachtkästchen und das war's schon. Doch so etwas konnte ich nicht glauben. Das war mir zu „einfach"! Aber ich täuschte mich! Ich war umso mehr erstaunt, dass sich mein Schlaf verbessert hatte. Dieses einfache „Ritual" wehrt schlecht Träume ab und bringt guten Schlaf. Mein Freund hatte recht!

Die hermetische Erklärung dafür: Das Glas Wasser und Salz sind magnetisch und die weiße Serviette steht auf Grund ihrer Farbe für das Element Wasser – wie es in Tibet gesehen wird, denn Schnee hat die Farbe weiß!

11. Vibration – Summen auf „m" und „n":

Praktikus

Bevor man diese Übung in sein Programm aufnimmt, muss man ausprobieren, welche Tonhöhe und Tonstärke dem Körperbau entspricht, d. h. welcher Ton die stärkste Resonanz verursacht. Das geht folgendermaßen vor sich:

- schließe Deine Augen,
- schließe mit beiden Zeigefingern Deine Ohren,
- atme tief ein,
- schiebe die Zunge bis zum Gaumen,
- summe bei geschlossenem Mund: mmm . . .

Dieses „m" sollte man hoch anfangen und tief enden lassen. Wenn Du während des Summens die Vibration des Kopfes beachtest, stellst Du fest, dass nur bei bestimmter Höhe und Lautstärke der ganze Kopf erzittert. Dieselbe Übung führe mit dem Buchstaben „n" durch, jedoch soll die Zunge dann die Zähne berühren. Wenn Du die richtige Tonlage festgestellt hast, führe die Übung wie folgt durch:

- Luft einatmen,
- mmm summen bei gleichzeitigem Ausatmen (dreimal wiederholen),
- nnn summen bei gleichzeitigem Ausatmen (dreimal wiederholen),
- nng summen bei gleichzeitigem Ausatmen (dreimal wiederholen),
- mmg summen bei gleichzeitigem Ausatmen (dreimal wiederholen).

Das sind natürlich nur Richtlinien und man soll und muss nicht alle zwölf Übungen auf einmal durchführen. Die Übung mit der besten

49

Wirkung kann man beibehalten. Aber dennoch: Eile mit Weile! Örtliche Verhältnisse und gesunder Menschenverstand sollten immer das Übungstempo regulieren. Diese Übung ist für morgens gedacht, kann aber unbedenklich nach Bedarf durchgeführt werden.

Zweck dieser Übung: Morgens durchgeführt erfrischt sie das Gehirn und bringt schlagartig auf Touren; beseitigt alle Kopfermüdungen; als Innenmassage wird eine gleichmäßige Gehirn-Durchblutung hervorgerufen; hilft bei Kopfdruck, Blutleere und Migräne.

12. Schulung der Wachsamkeit – Teil I.

Praktikus

Diese Übung soll Dir ein Gefühl völligen Erwachens und völliger Wachsamkeit vermitteln. Du wirst dann Deinen Geist als ideal funktionierende Maschine erleben, Du wirst förmlich das „Blut in den Adern raunen hören". Dieses Erlebnis soll aber nicht abstrakt sein, sondern im Jetzt erlebt werden.

Eine wichtige Voraussetzung: Denke nie gleichzeitig an mehrere Dinge und übe immer nur EINE Tätigkeit aus. Also nur einen Gedanken, aber gründlich, immer voll bewusst, auf einmal verfolgen und nur eine Tätigkeit auf einmal durchführen.

Diese Übung kannst Du so oft wie nur irgend möglich durchführen. Du wirst selbst bestimmen können, wie wach und geistesgegenwärtig Du sein willst. Nun zur Übung: Halte mit einer Hand das Handgelenk der anderen Hand und spüre den Herzschlag. Sage laut oder in Gedanken: Ich bin WACH! Schalte Deine Gedanken dann auf ein Gefühl der vollbewussten Wahrnehmung deines Geistes ein. Erlebe die Einheit des Bewusstseins mit dem Gedanken der Wachsamkeit! Dann wirst Du „WACH" sein und Deine Übungen werden Dir leichter gelingen.

Übung macht den Meister!

13. LIEBE

Liebe Du göttlich-erhabene Allmacht:
Ewiger Urquell waltender Schöpfung,
Glutgeboren aus heiligen Flammen
Bist Du des Weltalls erneuernde Kraft.
Geistentstammt aus tönenden Sphären
Weißt Du zwei Seelen zum klingen zu bringen,
Dass sie sich lockend auf sehnenden Schwingen
Suchen und einen in heiligen Triebe
In großer, gewaltiger Liebe.
Liebe, Du heiligste der Religionen.
Opfernde Reinheit baut Deine Tempel.
Tausend Lippen lallen Dein Lob
Tausend Kehlen künden Dein Glück
Tausend Augen leuchten Dein Lieb,
Tausend Tränen weinen Dein Weh;
Alles umspannst Du, was sterblich sich nennt,
Dass Deine Allmacht ein jeder erkennt,
Du große, gewaltige Liebe.
Liebe, Du leuchtender Stern unsres Lebens;
Traum unserer Sinne,
Sinn unserer Träume:
Senkst Dich vom sel'gen Gefilde der Sphären
Auf die dunkle Erde herab.
Flammend verstärkst Du die irdischen Pfade,
Huldreich bescherst Du uns göttliche Gnade:
Glücksvollen Schmerz und schmerzvolles Glück
Hegst Du und pflegst Du verschollen im Schoße
Du große, gewaltige
Liebe !

14. Die Lehren des HUANG SHENG-JEN

Huang Sheng-Jen lebte als ein chinesischer, friedlicher Volkslenker, z. Z. Lao Tse´s. Unter seinen Werken über „Die Verzeihungs-Kunst" und „Liebesgunst", schrieb er auch von dem „Freund der Seele", die psychologische Freudeverteilung (eine 13 strophige Abhandlung). Diese Abhandlung stellt eine Grundlage dar, die zur Erlangung des Vollfriedens mit seinen Nachbarn und Freunden führt, indem es vielerlei sittliche Freiheit der Ausführungsmittel gibt. Der Erfolg der Lehre knüpft daran an, dass Menschen davon Kenntnis erhalten, um sich gesellschaftlich zu veredeln und zu verbinden, bis sie einen Zustand erreichen, den sie als reichliche Erfüllung empfinden. Wichtig ist zu begreifen, dass die einfache Kunst darin besteht, die Bereitschaft eines Volkes zu erwecken. Bereitschaft beruht darauf, dass es Einsicht und Vertrauen gibt! Weiterhin sagt er aus: Eine Aufgabe ist es, die Sammlung der Kräfte anzuregen. In Übereinstimmung kommen, gründet sich auf beiderseitige Vorbereitungen! Die theoretische Erforschung auf dem Lebensacker wird von Nutzen sein, jedoch die praktische Erfahrung vermag den Seelenfrieden, den Sieg zu gewährleisten und ihm Dauer zu geben. Beweglichkeit, gründet sich darauf, sich der Weisheit zu nähern! Erst dann kann man Pläne mit ihnen ausführlicher Sortieren und gelassen Wirken.

1. Verwendet sämtliche Überlieferungen eines Volkes. Unterrichtet es über jegliche Nutzung, ihrer im Lande wachsenden Vegetation! Bedenkt, Brot teilt gerne, wer gesättigt ist. Im Herz der Menge zu sein, beruht darauf, den Menschen zu nähren.

2. Hebt das Verständnis der Jugend und der Alten füreinander an! Selbstsicherheit, gründet sich darauf, aus Erkenntnis zu handeln.

3. Erhaltet alles, was in jedem Lande gut ist! Mäßigkeit, besteht darin, das Eigentum des Volkes zu achten.

4. Verbreitet Mut und Zuversicht unter den Menschen! Sanftmut

und „schon klar zu sehen", beruht darauf, eindeutige Reden weiterzugeben.

5. Entlastet Gesandte und Vertreter führender Schichten aus verantwortlichen Unternehmungen! Klugheit, gründet sich darauf, „miteinander zu schaffen".

6. Ermutigt sie im gegebenem Augenblick in der Öffentlichkeit! Gunst, besteht aus Dienen, sowohl im „Kleinen", als auch zum „Guten".

7. Lasset jede Weise „Recht" sein, damit sich Bildung und Selbstständigkeit der Familien und Sippen untereinander entwickeln kann. Erweiterung, beruht auf vergeben und Vergebung.

8. Nützt die Mitarbeit auch der anders denkenden Geschöpfe! Beteiligung, gründet sich darauf, sich den Offenbarungen hinzuwenden.

9. Fördert, mit allen nur Erdenklichen, die Versorgung und das Wohl des Einzelnen im Volke! Gehör, besteht darin, dem Einzelnen, Energie zu schenken.

10. Erhöht die Willenskraft zur Freundschaft der Menschen, durch geistige Lieder und Musik! Vermittelndes, gründet sich darauf, Begebenheiten zu erfüllen.

11. Empfanget bewusste Frauen, um das Werk der Harmonie zu vervollständigen! Güte, gründet sich darauf, den Denkenden zu Be-Herzigen

12. Seid freigiebig mit Schenkungen um Fremde zu versöhnen! Mit Glück zu sein, beruht darauf, seinen Nächsten einen Vorteil zu gewähren.

13. Bringt außerdem Künstler als Verkünder unter! Verrichtung, beruht darauf, zu wissen, wie man vorgeht.

Nur ein Mensch, der mit Geduld, diese Mittel zur Verwirklichung anzuwenden versteht, die überall Freundschaft und Freude herbeiführt; nur ein solcher Mensch ist würdig empfangen zu werden. Ein solcher Mensch ist ein Schatz für seine Mitmenschen und eine Säule in der Welt.

„Wer viel gesagt,
besinne sich, auf das Künftige
und begebe sich dann zur Tat."

15. Warum Karma und Leid gut sind!

Angel

Die meisten Menschen beklagen sich über jedes bisschen Leid, das über sie kommt. Alles was sie in der Entwicklung vorantreibt, erachten sie als böse und ungerecht. Wir Hermetiker müssen das ganz anders betrachten, was die wenigsten der wahren Schüler der Magie tun. Der Hermetiker freut sich über jede Art von Prüfung und Schmerz, denn es ist ihm bewusst, dass diese Dinge wichtig für sein Vorwärtskommen sind. Durch Leid und andere „schlechte" Dinge wird unser Wille gestärkt, der ja für die Magie eines der wichtigsten Dinge ist. Des Weiteren prüft die Göttliche Vorsehung den Schüler durch scheinbar unlösbare Probleme, damit er für das Leben gewappnet ist und lernt, seine Konzentration auf die jeweilige Lebenssituation zu bündeln. Jedes Hindernis ist passierbar, denn Gott weiß ganz genau, wie viel er uns zumuten kann. Unlösbare Probleme gibt es eher nicht.

Natürlich gibt es auch Karma, welches wir aufgrund von Fehlern und schlechten Taten wieder abtragen müssen und diese Fehltritte wieder auszugleichen. Man merkt also, dass alles nur dem Ausgleich dient, ohne den wir Gott niemals näher kommen könnten. Nur mit „reinen Füßen" dürfen wir den Tempel betreten. Indem wir also für unsere Fehler „büßen", waschen wir uns wieder rein, wodurch auch der magische Weg leichter zu beschreiten ist. Denn je mehr Gleichgewicht vorherrscht, umso leichter gelingen uns die Übungen, letztendlich muss man die Erde als eine Art Schule betrachten. Wenn wir unsere Hausaufgaben nicht machen und beim Unterricht nicht aufpassen, müssen halt gewisse Erziehungsmaßnahmen ergriffen werden, damit wir den Lernstoff verstehen und nicht nachhinken.

Man sei sich stets darüber im Klaren, dass Gott uns liebt und nur unser Bestes will. Wenn man dies einmal begriffen hat, wird man sich nie mehr über das harte Leben beklagen oder gar Gott verurteilen.

Nur Kleingeister vergehen im Selbstmitleid, welche ihre Probleme nur noch größer erscheinen lassen. Hermetiker sollten mit gutem Beispiel voran gehen und sich tapfer und furchtlos ihren Problemen stellen. Man sollte zwar nicht alles auf die leichte Schulter nehmen, doch sich stets bewusst sein, dass sich unserem Willen nichts in den Weg stellen kann!

16. Was ist das Ziel des Hermetikers?

Angel

Heutzutage ist der Begriff „Magie" so weit in Verruf geraten dass die meisten Menschen glauben, es ginge nur um Hexerei, Liebeszauber oder den Erwerb von Fähigkeiten. Ein Magier interessiert sich nicht für solch einen Unfug. Doch wenn man sich im Stillen die Frage stellt: „Was für ein Ziel möchte ich erreichen?", so kommt die Antwort meistens nicht sofort und man muss erstmal grübeln. Auch ich habe lange darüber nachgedacht, denn die Entwicklung hört ja eigentlich niemals auf. Dabei ist mir aufgefallen, dass man immer stückchenweise mehrere Ziele verwirklichen muss. Das erste Ziel ist es ein edler Mensch zu werden und überall hilfreich zu sein. Das nächste Ziel ist das magische Gleichgewicht, um Kontrolle über sich selbst und die Elemente zu erlangen. Doch wozu? Die Antwort ist relativ einfach, deshalb ist sie so schwer. Wir wollen zum Ebenbild Gottes werden und eins mit ihm sein. Wir streben zum Höchsten, denn jedes Kind sucht nach seinem Vater. Wir wollen an Gottes Seite stehen und ihm dienen, denn dieses Schicksal hat er für uns bestimmt. Wir wissen, dass unser Ziel uns zur absoluten Harmonie führt und danach sucht der Hermetiker, denn jede Art von Chaos ist ihm unangenehm.

Denkt man stets an das hohe Ziel, welches wir haben, so werden unsere Gedanken immer voll Freude sein und man wird verstehen, warum der Weg der Hermetik so schwierig ist. Der Widerstand wächst, je größer unser Vorhaben ist. Man hüte sich davor machtgierig zu sein und egoistische Ziele zu verfolgen, denn Macht ist in gewisser Hinsicht der Feind der Demut. Diese brauchen wir allerdings, um Gottes Größe zu erkennen. Auch durch Demut findet man leichter zu Gott, denn einem demütigen Hermetiker fallen die Übungen leichter. Nur so einem Menschen wird Gott die allergrößte Macht schenken. Die beste Devise lautet: „Macht für den, der sie nicht will!"

Es ähnelt ein bisschen der Lehre vom geistigen Vakuum in Dr. Lomers „Lehrbriefen": Erst wenn man nichts mehr verlangt und wünscht, wird einem alles gegeben.

Dieser kleine Aufsatz spiegelt leider nur meine persönliche Wahrheit wieder, deshalb ist es nicht ausgeschlossen, dass ich mich in einigen Dingen täusche, doch der Hermetiker wird durch Meditation feststellen können, inwieweit mein Bericht korrekt ist und was für Fehler sich eingeschlichen haben.

17. Drei „praktische" Berichte:

Pagan

Das Allsehende Auge:

Ich habe mich dazu entschlossen, diese Übung durchzuführen, weil ich bei mir bemerkt habe, dass ich zu lasch in meiner Gedankenkontrolle wurde. Mein bewusst Denken war unter aller hermetischer Würde und ich begann Sachen zu denken, die ich an und für sich bekämpfe. Durch diese Übung stellte ich mir immer und überall ein mich beobachtendes und kontrollierendes Auge vor, welches jeden meiner gedanklichen Fehltritte erfasst, notiert und bewertet. Und genau das ist der springende Punkt, das Bewerten, denn wenn ich z. B. unedel gedacht habe, dann wusste ich, dass das Auge das sieht und mir auf Grund dessen die für mich so wichtigen Übungen nicht gelingen lässt, denn wenn man den Alltag nicht unter Kontrolle hat, wie soll es dann bei denn Übungen klappen.

Ein konkretes Beispiel: Ich sitze vor dem Fernseher und durch Zufall läuft gerade „Baywatch" mit David Hasselhof und seinen super-gestylten Body-Frauen, die besser in einem Porno mitspielen könnten, als in so einer Schmal-Spur-Sendung. Der Gedanke könnte sich ausweiten, indem er unterhalb der Gürtellinie geht, denn es gibt manche Großbildaufnahmen von weiblichen, jedoch von Minibikini verhüllten, Geschlechtsorganen, die mir ohne das „Auge" das Wasser aus den Poren treiben könnten!

Da ich mir das aber jetzt das allsehende Auge vorstelle, weiß ich, dass meine Gottheit mich bei solchen und anderen Gedanken beobachtet und sieht, was ich für ein gedanklicher Unmensch bin und zieht sofort bei den Übungen oder bei meinen zufriedenen Zustand einen Schlussstrich! Mir geht es dann entweder seelisch schlecht oder meine Übungen klappen erneut nicht, was sich geistig niederschlägt!

Und da ich vorwärts kommen will, ist diese Übung optimal und ich kann mich, seit dem ich sie mache, besser kontrollieren!

Magie des Wassers:

Das Element Wasser hat viele Eigenschaften, verständnishalber sollte ich sagen, dass ich mit Eigenschaften des Wassers eher Gesetze meine, die, wenn wir sie erkennen und lernen umzusetzen, praktischen Nutzen daraus ziehen können. Da ich aber weder Magier noch Quabbalist in höchster Form bin, ist es nur verständlich, dass ich allgemeine Beobachtungen und die daraus resultierenden (Natur)-Gesetze zu schildern vermag. Jedem logisch denkenden Menschen ist bekannt, dass Wasser die Eigenschaft aufweist, Stoffe zu lösen oder zu verbinden oder auch einfach aufzunehmen. Für die Hermetik bedeutet dies, dass das Element Wasser dem Magnetismus und Anziehungskraft unterliegt. Das heißt aber auch, dass Wasser magnetisiert oder mit Lebenskraft (Od) geladen werden kann und somit einen wertvollen Teil zur Charakter-Veredelung beiträgt! Wasser ist ein seltsamer Stoff, denn im Gegensatz zu anderen Stoffen dehnt er sich bei Kälte aus (man denke hier z. B. an die geplatzten Bierdosen im Kühlfach) wobei das Eis unter Wärme sich zusammen-zieht. Aber eigentlich ist es so, dass die Wasser-Atome sich erwärmen, sich also dehnen und dadurch lösen, für uns wahrnehmbar als Dampf. Demnach zwei Gegensätze, die trotzdem harmonisch zusammen existieren! Das gleiche Phänomen tritt bei extremer Kälte auf! Da sich das Wasser unter Kälte ausdehnt und demnach akkumultionsfähiger ist, zeigt sich hier der stoffeigene Magnetismus des Wassers (hinsichtlich des „Adepten" kann das Wasser an dieser Stelle z. B. Charakter-Eigenschaften besonders gut aufnehmen bzw. vom Körper lösen! Wichtig dabei ist die Idee oder besser gesagt die mentale Vorstellung. Das heißt, dass dem Wasserelement eigen ist, nicht nur grobstoffliche Stoffe zu lösen und aufzunehmen, sondern auch mentale bzw. astrale! Jedem ist klar, dass wenn man warmes

Wasser haben will, ihm vorher Energie zuführen muss. Das Wasser übernimmt diese Energie respektive seiner Eigenschaft und wird deshalb warm. In der Übung verhält es sich so, dass wir diese Energie liefern, denn was sind Gedanken, Vorstellungen und Phantasie? In erster Linie pure Energie, denn Gedanken sind immer in Bewegung genau so wie eine offene Flamme. Das bedeutet, dass sie auch aktiv, quasi analog dem Feuer, demnach Energie sind!

Da wir Menschen sind und nach dem Ebenbilde Gottes erschaffen wurden, haben wir auch die Fähigkeit erlangt zu schöpfen bzw. im Kleinen nachzuahmen. Also können wir unseren Gedanken, Farben und Formen geben, wie wir es möchten.

Energie ist übergreifend und breitet sich aus – man denke hier z. B. an einen Flächenbrand. Diese Eigenschaft des Feuers ist bei der Magie des Wassers erforderlich, denn ohne sie wäre diese Übung schlichtweg nicht möglich. Ebenso wenig dürfte dem Wasserelement die Passivität und die Aufnahmefähigkeit fehlen. Durch die Wechsel-Wirkung beider Elemente wird der Ausgleich geschaffen und die hermetische Übung erst möglich!

Zum Thema Eucharistie und Magie des Wassers!

Als ich anfing, damit verstärkt zu arbeiten, fiel mir sofort nach 3-4 Tagen auf, dass man dadurch die Charaktereigenschaft, die man bekämpfen will, erheblich schwächen kann! Das hat wiederum Auswirkungen auf mein alltägliches Leben d. h., ich komme mit der Umwelt besser klar und diese mit mir. Weiteres habe ich nicht so starke gedankliche Angriffe von seitens der Leidenschaft und wenn ich angegriffen werde, so kann ich mich besser behaupten bzw. ich bin schneller Herr über den Kampf! Was gibt es besseres?

Jedoch, wenn man es vergessen sollte, einige Atemzüge nach dem Magie des Wassers zu nehmen, dann schleicht sie ziemlich schnell wieder die Leidenschaft ein und macht dein Werk zu Nichte.

Am allerbesten war es aber, als ich anfing, mir kühle Getränke –

entweder mit oder ohne Kamillenkondensator – mindestens bis fünf Minuten zu laden, denn dadurch wurde ich nicht nur erfrischt und gekräftigt, nein, auch die Eigenschaft wurde einen Kopf kürzer gemacht.

Aber nun kommt die zweite Seite der Medaille, dass wenn man sich zu sehr auf den anfänglichen Erfolg verlässt, man es unterlässt, die verstärkte Bekämpfung – min. 10 x tgl. – weiter fort zuführen und die verhasste Leidenschaft hat wieder die Oberhand und lullt dich ein!

Darum niemals mit anfänglichen Erfolgen zufrieden sein, sondern weitermachen, um verstärkt gegen die Charaktereigenschaft zu kämpfen und sie zu besiegen!

18. Der wahre Meister von Franz Bardon

Pagan

Sri Swami Sivananda ist am 08.09.1887 in Pattamadai im Bezirk Tirunelveli in Tamil Nadu, im Süden Indiens geboren. Seine Mutter (Srimati Parvati Ammal) gebar ihn im Sonnenaufgang, im Aszendenten des Sterns Bharani. Mit bürgerlichen Namen hieß er Kuppuswami. Er war der dritte Sohn seiner Eltern. Sein ältester Bruder, Shri P.V. Viraraghava Iyer, war der persönliche Assistent des Radschahs von Ettiapuram. Sein anderer Bruder, Shri P.V. Sivarama Iyer, war Inspektor bei der Post. Sein Onkel Appaya Sivam war ein bedeutender Sanskritgelehrter, welcher von der Bevölkerung sehr verehrt worden war. Sein Vater (Vengu Iyer, ein Jnani (Weiser), stammte von einem Heiligen und Gelehrten namens Appayya Dikshitar ab, welcher im 16. Jahrhundert lebte und mehr als 104 Sanskrit-Werke verfasste. Alle Vedanta-Schulen (Philosophie des Absoluten) haben sich durch diese Werke inspirieren als auch anregen lassen.

Vengu Iyer, Nachkomme des Appayya Dikshitar war selbst ein frommer Mensch, welcher die Gottheit Shiva verehrte. Er war außerdem seiner Zeit Schatzmeister des Ettiapuram-Fürstentums. Als „Nesthäkchen" einer philosophischen und heiligen Familie genoss Kuppuswami eine sehr gute und ordentliche Erziehung. So half er schon immer bei der Shiva Puja, einem Verehrungsritual der Gottheit Shiva. Er flechtete bspw. Blumen und Baelblätter zu schönen Kränzen zusammen. Sein Wesen zeichnete sich durch einen gesunden und starken Körperbau, sowie durch angenehme Umgangsformen aus. Er selbst beschrieb sich als kühn, mutig, sorglos und liebenswürdig, aber auch lebhaft und umtriebig. Als Kind sprang er einfach mal in einem leeren Brunnen, um andere zu verblüffen oder gar zu erschrecken.

Als Kleinkind zeigte sich Sivananda sehr selbstlos und war

anscheinend sehr freigebig. So eilte er bspw. mit seinem Teller hinaus auf die Straße, um sein eigenes Essen mit Bedürftigen zu teilen. Oder aber als er von seinem Vater beauftragt worden war Früchte und Obst einzukaufen, welche täglich im Gottesdienst (Shiva Puja/Verehrungsritual) geopfert wurden, verteilte er diese lieber unter den leidenden Mittellosen. Er tat dies, weil er in den Armen und Bettlern Gott selbst erblickte. Er selbst aß streng vegetarisch und hatte eine Vorliebe für Süßspeisen und Süßigkeiten.

1903 absolvierte Swami Sivananda durch eine Abschlussprüfung die höhere Schule von Ettiapuram. Auch in der Schule trat er hervor durch Fleiß und hohen Intellekt, womit er oft Preise (in Form von Büchern) einheimste. Besonderes Interesse hegte er für den Sport. Angeblich stand er schon des Morgens um drei Uhr auf und übte sich in Gymnastik und Fechten. Damit dieses aber nicht auffiele, stopfte er sein Bettzeug so geschickt unter seine Decke, dass der so geformte vermeintliche „Körper" den Anschein erweckte, er würde seelenruhig schlafen.

Nach seinem Abschluss schrieb er sich in das S.P.G. College in Trichinopoly ein, welches von dem Geistlichen und späteren Bischof F. H. Packenham Walsh geleitet wurde. Am College interessierte er sich sehr für Theateraufführungen. 1905 spielte er in dem „Mitsommernachtstraum" von Shakespeare sogar die Rolle der Helena. Die Madurai-Tamil-Sangam-Prüfung bestand Swami Sivananda ehrenvoll. Gegen den Wunsch seiner Eltern wählte er den medizinischen Zweig und gab drei Jahre lang eine medizinische Zeitschrift Namens „Ambrosia" heraus, welche 1909 rasch an Beliebtheit gewann, denn sie behandelte Themen für praktizierende Ärzte. Er schrieb selbst in der Zeitschrift unter mehreren Pseudonymen. Später schrieben auch Berühmtheiten Beiträge in seiner Zeitschrift. Diese zeichnete sich durch eine „spirituelle" Note aus und wurde vier Jahre lang erfolgreich verlegt, bis er nach Malaysia aufbrach.

In seiner Zeit als Student zeigte er sich auch hier überdurchschnittlich fleißig. Selbst in der Freizeit las er mannigfaltige

Fachliteratur. In den Semesterferien fuhr er nach Hause um dort in einem Krankenhaus zu arbeiten. Dort erwarb er unter anderem nicht nur ein beachtliches theoretisches Wissen sondern auch noch chirurgische Kenntnisse. Dadurch konnte er sich mit Studenten, welche sich in höheren Semestern befanden, messen. In allen Fächern war er der Beste.

Um seiner erfolgreichen Zeitschrift finanziellen Rückhalt zu verschaffen, arbeitete er später in einer Apotheke in Madras. Es war für ihn eine harte Arbeit. Er führte diverse Bücher, stellte selbst Arzneien her, versorgte sogar Patienten und führte auch dann noch die Redaktion seiner Zeitschrift. Später aber brach er nach Malaysia auf und verließ Madras mit dem Dampfschiff namens „Tara". Da er lange Reisen nicht gewöhnt war und nahrungsmitteltechnisch nicht richtig ausgerüstet war, kam er „halbtot" in Singapur an.

Dort angekommen, erwartete ihn keine vielversprechende Stellung. Er kannte dort niemanden, Ersparnisse hatte er nicht und musste folglich von vorn anfangen. Nach einigen herben Rückschlägen kam ihm sein Fleiß und Ausdauer zugute und konnte Dr. Parson beeindrucken, welcher ihn wiederum A. G. Robins vorstellte, dieser war Direktor einer örtlichen Gummiplantage samt eigenen Krankenhaus (Gutskrankenhaus bei Seremban). Kuppuswami war dort sieben Jahre tätig. Nach Dr. Parsons wiedererscheinen (Dr. Parson war im Kriegsdienst), wechselte Sri Swami Sivananda in das Johore Medical Office, wo er noch drei weitere Jahre arbeitete und sich dann von den „weltlichen Betätigungen" zurück zog.

Um 1923 verabschiedete er sich von seinem bequemen Leben, gab es auf, um Bettelmönch zu werden und kehrte nach Rishikesh (Swarg Ashram) zurück. Alle Probleme auf diesem Wege besiegte er mit einem „Lächeln". Durch ein schicksalhaftes Ereignis fand ihn sein Guru (Acharya Guru (Meister), Sri Swami Vishnudevanandaji Maharaj, im Kailash Ashram), welcher ihn am 01.06.1924 mit der Viraja Homa (Feuerzeremonie beim Eintritt in den Stand der Entsagung) einweihte. Im Ganges wurde er von Paramahamsa Viswananda Saraswati geweiht.

Aufgrund seiner Lebensweise und Glauben, in Art und Umgang mit Menschen, namentlich Pilgern, Mönche und dgl. entsprang in ihm das Bedürfnis, die Lebenslagen der Suchenden als auch denen der Mahatamas zu verbessern. Viele waren aufgrund der unausgewogenen Askese, Übungen, Wetterverhältnisse usw. in Folge erkrankt und litten unglaublich. Aufgrund dessen entstand die Swarg-Ashram-Sadhu-Sangha-Gesellschaft, welche die Leiden zu lindern, gar beseitigen vermochte.

Sein nächstes Werk sollte nicht länger auf sich warten lassen und so entstand um 1936 aus einem ehemaligen Kuhstall, die DIVINE LIFE SOCIETY, welche aufgrund dieser charismatischen Galionsfigur rasch an Zuwachs gewann. Zeit seines Lebens war er viel unterwegs. Ob es nun Pilgerreisen waren (bspw. Maru) oder Vorträge, Veranstaltungen aller Art, nutzte er für seinen Weg und seiner Botschaft. Er badete nahezu in der Öffentlichkeit und konnte dadurch seine Lehre, seine spirituelle Botschaft den Massen von Menschen nahe bringen. In Form von Gesang und Tanz schleuderte er seine positiven Schwingungen, das Hochgefühl der Gottesliebe, Trost in den jubelnden Menschen-Pfuhl. Ekstatisch tanzten und sangen die Menschen noch Stunden, sogar Tage später noch. (Sein Lieblingslied namens „Govinda" wird heute noch bei den Feldarbeitern gesungen). Er kümmerte sich wortwörtlich um jeden Menschen der ihm begegnete (bspw. auch in der Bahn). Es war ihm einerlei ob der Mensch krank, jung oder alt war, ob Mahatma oder Noob, er half jedem. Er selbst war sich für nichts zu schade. Sri Swami Sivananda half erkrankten, pflegte diese sogar und in besonders ernsten Fällen wachte er in der Nacht über sie. Um einen Erkrankten zu helfen, opferte er sogar seine Ersparnisse oder verpfändete seine Wertsachen. Betrachtet man aus dem Aspekt des menschlichen Mitgefühls, der Liebe zu seinem Nächsten, ist sein Leben und wirken fast ohne Beispiel.

Am 14.07.1963 verstarb diese große Seele und kehrte zurück zu Gott.

Sri Swami Sivananda ein Meister?

Nun, als erstes möchte ich darauf hinweisen, weshalb ich mich für die oben erwähnte Fragestellung entschied. Und zwar möchte ich, soweit mir eben möglich, Stellungsnahme nehmen aus der eben, allumfassenden hermetischen Sichtweise (aber auch respektive meiner Reife). Nicht ohne Grund entschied ich mich seine Biographie kurz, im weitesten Sinne objektiv wiederzugeben. Es liegt NICHT in meinem persönlichen Interesse, einen Menschen zu verunglimpfen oder zu beleidigen und es stellt für mich ein besonderen Balanceakt dar, dies so zu Papier zu bringen, als dass sich niemand verletzt fühlt, als auch das richtig zu stellen, was (absichtlich?) falsch interpretiert wurde. Eben ganz in dem Sinne Meister Arions: Jeder halte an dem fest, woran er glaubt, der Eingeweihte hält fest an einer universellen Religionsansicht. Und damit ist auch gesagt, dass ich in den folgenden Zeilen nicht den Glauben Sri Sivanandas oder seinen Anhängern kritisiere. (Wie könnt ich das?).

Auf der anderen Seite hingegen möchte ich aber all jenen „den Splitter aus dem Auge entfernen" versuchen, welche da behaupten: Sri Swami Sivananda sei persönlicher Meister Guru Franz Bardons". Wie kann es dazu (ver-)kommen? Nun es handelt sich um einen Brief, in dem angeblich Meister Arion höchstpersönlich Sri Swami Sivananda als „seinen persönlichen Meister-Guru" angibt. Diesen Brief als auch, vorausgesetzt man betrachtet diesen als authentisch, die darin enthaltende Informationen, ersuche ich befriedigend zu entzerren. Ferner liegt es auf der Hand, dass wenn mir dies nicht gelingen wird, all jene, schlimmsten falls sowieso blind bleiben werden und richtet sich vor allem an jene, welche getäuscht und enttäuscht worden sind. Die besten Beweise die es gibt, sind jene subjektiver Natur. Nachteil jedoch ist ein gravierender, da diese nicht generallisierbar sind. So bleibt zum Schluss nur der, einer logischen Argumentationskette, wodurch Sri Sivananda eher zur Nebensache wird und nicht im Fokus meiner Betrachtungsweise als solche liegt.

Es mag paradox erscheinen, ist es allerdings in diesem Zusammenhang nicht im Geringsten.

Im wesentlichen richte ich mich nach seiner Biographie und seinen Werken und möchte auf einige „Ungereimtheiten" hinweisen, welche im eigentlichen hermetischen Sinn nicht vorkommen dürften bzw. unlogisch sind und daher als Indizien zu werten wären.

Mein Fazit

Ersteinmal bin ich entsetzt darüber, wie „blumig" (und das ist arg untertrieben!) seine Biographie geschrieben worden ist. Diese Biographie suggeriert dem Leser auf ganz banaler Weise den Eindruck, als würde es sich um einen hohen Eingeweihten handeln. Es gibt nicht ein einziges Kapitel, in welchem man nicht von der Hilfsbereitschaft, Selbstlosigkeit, Demut, Liebe und vielem anderen inhaltslosen und (selbst esoterisch-)leeren Worthülsen, gleichsam erschlagen wird. Wer viel von Brot spricht, hat meiner Meinung nach Hunger!
Es liest sich wie eine billige, indische Seifenoper aus Bollywood und ist keine Biographie eines „Meisters"!

Verkörperung eines Zeitgeistes

In einer philosophischen und „heiligen" Familie aufzuwachsen, hat ganz gewiss bestimmte Vorteile. Gerade im sozialem Aspekt (besonders in Indien! Man denke da an das Kastensystem und was in der Welt gerade „akut" war), auch natürlich im Verhalten, doch dürfen wir getrost annehmen, dass viele Eigenschaften sprich Verhalten ansozialiert sind und erwartet wird. Außerdem wird viel zu sehr auf den Urahnen der väterlichen Seite hingewiesen und somit in den Vordergrund gestellt. Mit welcher Absicht? Schmücken mit fremden Federn?
Außerdem darf man die Zeit, in welcher Sri Swami Sivananda

geboren wurde, nicht vergessen, man darf annehmen, dass Sri Sivananda diese ehrenvolle Pflicht, sei es aus Familientradition, ausüben musste. Ich kann nicht glauben, dass der beschriebene Mensch in der Biographie mal nebenher göttliche Eigenschaften geschult und erweckt haben soll und bestimmt nicht in jedem Element. Nach dem was über ihn geschrieben wurde, hatte er wenig Zeit, sprich reichlich zu tun, weil er sich doch vor „jedem Stein verbeugte" und durch Tanzen und Singen die geblendete Masse verzückte. Demut ist schön, hilfreich und praktisch und vor allem wichtig.

Für den ernsthaften Hermetiker darf man ein TUGENDHAFTES VERHALTEN ungefragt voraussetzen! Die Tugenden sind es, welche uns schützen, weil wir dadurch in einem harmonischen Rahmen bleiben. Doch selbst diese gilt es zu beherrschen und ist gleichwohl harter Kampf. Wie soll man sich selbst beherrschen lernen können, wenn man permanent dienen soll? An der Theorie lässt sich die Praxis erschließen, umgekehrt, aus der Praxis eine Theorie bilden. Eine Theorie und Praxis ist schemenhaft zu erkennen, doch rührt es daher, dass verschlüsselte in Symbolform gehaltene Wahrheiten (Gesetzmäßigkeiten) aus der Vergangenheit von anderen Autoren einfach übernommen worden sind, ohne diese den Menschen begreifbar zu machen. Ein weiterer Punkt welcher dagegen spricht, der Meister von Meister Arion zu sein. Selbst er rät noch, dass man einen persönlichen Guru braucht, welcher einem den Weg vorbereitet usw. Auch das hat er übernommen und gliedert sich selbst in die lange Reihe der Nachsager! Hätte ein Mahatma dieses tatsächlich nötig? Insgesamt lässt sich sogar sagen, dass seine komplette „Schulung" konträr zu den ersten Seiten bzw. Stufen des „Adepten" stehen! Bspw. seine Äußerungen über „Pranayama" – das ist nicht mehr als forcierte Atemübung, sehr gefährlich und überhaupt ungesund! Kein Meister würde seinem Schützling in diesem Stadium der Entwicklung zu solchen zweifelhaften „Übungen" raten. Vielmehr, ein wahrer Eingeweihter würde den Weg der Mitte betonen, den wir gehen müssen, wenn wir doch zu Gott kommen wollen. So wie es Franz Bardon tat. Alles andere diesbezüglich ist zwar positiv, aber einseitig und unvollkommen! Ein weiterer Punkt weshalb er nicht ein Meister gewesen sein kann. Alles, was er bis dahin schrieb, gab es schon vorher und in seinen „Werken" (wie z. B. „Übungen zur Konzentration und Meditation", „Sadhana", Krya-Yoga" und „Kundalini-Yoga") steht leider immer dasselbe mit anderen Worten.

Spirituelle Fähigkeiten sind nicht wichtig

Außerdem äußert er sich sehr zweifelhaft, was die „spirituellen" Kräfte anbelangt. Ich finde diese doch äußerst schwammig bis überhaupt gar nicht beschrieben. Swami rät, dass es nicht darauf ankäme, ja man sollte diese „Kräfte" (okkulte Fähigkeiten!) sogar ignorieren!? Die umfassende Willensschulung bleibt auf der Strecke. Selbstverständlich sind diese „spirituellen Kräfte" Nebenerscheinungen auf dem Weg zu Gott und sollten auf gar keinem Fall Motiv und Beweggrund sein, sich mit Magie zu beschäftigen und zu praktizieren. Aber das sollte man eigentlich wissen! Aber gerade an diesen kann man sich selbst im Sinne von Fortschritt erkennen. Ähnlich dem Handwerk, was könnte ein Schreiner bauen, wenn er nicht weiß, wie er den „Mottek" schwingt? Wie könnte er für sich oder für andere bauen? Wie kann er dem Chef von nutzen sein? Können wir mit leeren Händen einen Tempel erbauen? Nein, wir müssen WISSEN, wie man das entsprechende Werkzeug nutzt! Als auch WAGEN, den Bau für uns in Angriff zu nehmen. Nur wenn wir das auch tatsächlich WOLLEN, können wir „unseren Stein schleifen". . . wenn wir das schaffen, werden wir sprachlos sein. Das einzige was Sivananda berücksichtigt hat, aber wohl eher aus Unkenntnis, war das SCHWEIGEN. Sivananda weist kryptisch, aber verheißungsvoll auf den Bau des Tempels hin. (Wie viele andere auch, in verschiedenen Richtungen). Er lehrt Mauern ziehen mit einer Säge. Somit ignoriert er die 4 „Grundsäulen" der Hermetik!

Man sollte kundig sein

Sivananda erwähnt zwar innere Sicht und Beobachtung, allerdings schreibt er nichts über Selbsterkenntnis im Sinne der Introspektion; wo berücksichtigt er die Vierpoligkeit? Nun, es verhält sich doch so: Was bringt es mir, wenn ich mit einer Kerze gerüstet (!) nur in einem Raum meiner Wohnung herumstolpere?! Ich will damit sagen, dass dieses Licht und Intensität dessen uns gegeben, wir in der Lage sein müssen, das GANZE HAUS auszuleuchten! Stück für Stück. Nicht nur den Keller und bitte die anderen Türen doch nicht zuschließen, sondern öffnen und ORDNUNG machen. Sonst wird nie der „Chef" zu Besuch kommen können. Wir dürfen unseren Eigenschaften, respektive den Elementen in uns nicht verschließen und absperren. Es ist einseitig und gefährlich, denn wenn man es so praktiziert, wie Sivananda es rät, kommt anstatt des erwünschten Besuchs, eher der psychosoziale Dienst bzw. der Arzt!

An wen richten sich diese Schriften? Für Suchende, welche die Terminologie bereits verstehen oder lernen wollen. Und ein jeder wird meinen Standpunkt nachvollziehen können, wer eben schon eine Weile des Weges gegangen ist, dass dies nichts für den Durchschnittsmenschen ist. Seine Bücher bieten in diesem Zusammenhang nichts genaues. Auch ein Verständnis zu dieser schönen Kultur wird vorausgesetzt, was die meisten Menschen aus dem Westen nicht haben dürften und selbst dann ist es inhaltlich kompliziert, verschachtelt beschrieben, somit leider nichts für die breite Masse. Oberflächlich betrachtet mag es einen „verwirren", wenn Sivananda einem diese Fachtermini „um die Ohren haut", aber genau das ist der springende Punkt. Intellektuell, eine Wucht, auf den zweiten Blick bleibt nicht viel übrig und man sucht förmlich nach einem bspw. stufenförmigen Aufbau einer spirituellen Lehre oder einer klaren Aussage. Welcher Eingeweihte würde so vorgehen? Würde er nicht versuchen diesen Schleier zu beseitigen? Ja, die Mysterien schützen sich selbst! Das Ego respektive bestimmte negative Eigenschaften kann man nicht nur als Feind betrachten, welchen es gilt zu besiegen und zu beseitigen. Wo bleibt der Ausgleich? Denn wie will man denn sonst in dieser Welt bestehen?

Nunmehr dürfte es Ihnen „verständlich" sein, weshalb Meister Arion zu solch einer Aussage kam. Wenn ich nun, angenommen, diese Zeilen hier in Briefform erhalten hätte und darauf antworten würde, müsste ich schreiben: **„Ja, Sri Swami Sivananda ist mein persönlicher Meister-Guru . . . und habe viele seiner Bücher!"** Dafür bin ich der Göttlichen Vorsehung sowie dem Meister Arion selbst im hohen Maße dankbar! Für eine kleine Erfahrung nämlich, dass ich selbst erfahren durfte, welche Größe er selbst im Bereich Humor – hier in diesem Sinne der Ironie – hatte!

Fakt ist . . .

, . . . dass es tatsächlich niemand weiß. Auch welche Bewandtnis dieser Brief eigentlich hatte, bleibt fraglich und bietet viel Raum für Spekulation. Hinzu kommt außerdem, dass man eben nicht weiß, an wen er gerichtet war. Anzunehmen wäre, dass er auf der Suche nach adäquaten Büchern oder Hilfe war und diese wahrscheinlich nur über dieses „Lob" erhalten hätte.(?) Des Weiteren ist es eine bekannte Tatsache, dass Meister Arion mit sehr vielen Menschen Kontakt hatte.

So, nichts desto trotz beschäftigt uns weiterhin die Frage: Wer war denn nun sein wirklicher Meister?

Nun, Lumir Bardon hat dies in einem Brief angedeutet. Meister Bardon hatte in seinem Zimmer ein Bild von MAHUM TAH TA hängen, welcher als Initiator und UR-MEISTER der Blauen Mönche gilt und auch als solcher Verehrung findet. So nahm Lumir Bardon (richtig) an, dass der Weise vom Berg, Franz Bardons Meister war. Es ist also die gleiche Wesenheit wie in der Biographie „Frabato", **Urgaya** selbst! Lumir Bardon fragte auch diesbezüglich den Meister, aber er bekam nie eine Antwort darauf.

Außerdem will ich die Vision von Ariane dem Leser nicht vorenthalten: Als Ariane eines Tages bei mir war, zeigte ich ihr ein Bild von dem Inder, worauf sie sofort ausrief: „Das ist kein Guru. Das ist ein selbsternannter Meister!"
„Wie kommst Du darauf?"
„Als ich das Bild betrachtet habe, kam mir sofort die Vision zu Kopf, und ich sah, dass Sivananda mit erhobenen Haupt an mir vorüberging. Er hatte ein überhebliches Lächeln im Gesicht."

Weitere Bücher aus dem Christof Uiberreiter Verlag:

Das goldene Blatt der Weisheit
Seila Orienta/Franz Bardon

Zum ersten Mal in der okkulten Literatur wird die 4. Tarotkarte des Hermes Trismegistos verständlich beschrieben und offengelegt. Sie beinhaltet unbekannte Konzentrations- und Meditationsübungen. Des Weiteren gibt sie Hinweise und erklärt die Unterschiede zwischen Magie und Mystik und Gefahren des einseitigen Weges. Am Ende steht die Verbindung mit der universellen Gottheit, dem Herrn der Sonnensphäre, welcher quabbalistisch „Metatron" genannt wird.

*

5. Tarotkarte – Mysterien des Steins der Weisen
Seila Orienta/Franz Bardon

Dieses Buch stellt die Vorderseite der Alchemie dar, die die einzelnen praktischen Übungsschritte erklärt, ohne die verschlüsselten Mystifikationen der alten Alchemisten auch nur annähernd zu erwähnen, wie man es aus den anderen Büchern des Franz Bardon kennt. Es wird erklärt, dass ohne vollkommene Beherrschung der 4 Elemente keine Alchemie möglich ist. Des Weiteren wird mit den einzelnen Ebenen, mit den Matrizen, dem elekromagnetischen Fluid usw. gearbeitet. Doch der Hauptpunkt stellen die göttlichen Eigenschaften wie z. B. die Allmacht dar, mit denen der Göttliche Stein der Weisen durch gewisse Übungen geladen wird.

*

Talismanologie und Mantramkunde
Seila Orienta/Franz Bardon

Zum ersten Mal werden hier (magisch) geladene Mantrams – Gebetssätze – preisgegeben, welche bei nötiger Reife, Ausgeglichenheit und Reinheit durchdringende Erfolge versprechen.

Mantrams sind ja nach Bardon nicht irgendwelche „Suggestionssätze", sondern sie sind Ideenausdrücke, mit denen man mit Mächten, Kräften, Eigenschaften, also Gottheiten, in Verbindung kommen kann. Gleichzeitig werden die dazugehörigen Siegelzeichen der göttlichen Ideen preisgegeben, welche im rituellen Zusammenhang mit den Mantrams stehen. Ein Buch, dass nicht nur die Hermetiker sondern auch die Anhänger der Yogawissenschaften inspirieren wird!

*

Eine Sammlung der schönsten und lehrreichsten Beschwörungsgeschichten
Hohenstätten

Dieses Buch ist einzigartig, denn es zeigt den zweiten Band von Franz Bardon an Hand von interessanten Evokationsberichten, die genau das bestätigen, was Bardon in seinem Buch geschrieben hat, und noch darüber hinaus. Es werden sensationelle Erlebnisse geschildert, die man sonst niemals findet. Auch aus unveröffentlichten Schriften wird zitiert.

*

Verkörperungen des Meister Arion
Hohenstätten

Man wird beim Lesen dieses Buches nicht glauben, wie viele bekannte und unbekannte Inkarnationen Franz Bardon hatte. Die paar, die im „Frabato" bekannt gegeben wurden, stellen nur einen geringen Teil seiner Verkörperungen dar. Wir mussten, da es dermaßen wenig Literatur über die Verkörperungen gab, wieder hunderte und aberhunderte von Büchern, Aufsätzen, Zeitschriften und Artikeln durcharbeiten, bis wir genügend Material für dieses Buch hatten. Aber der Leser wird sich beim Lesen sicherlich über unsere Arbeit freuen, denn sie wird ihn in Erstaunen versetzen!

Shamballa, der goldene Tempel des Lichts
Hohenstätten

Dieser Tempel dürfte jeden Leser von Bardons Roman „Frabato" fasziniert haben. Dass es aber in der okkulten Literatur noch viel mehr Informationen darüber gibt, die man aber nur findet, wenn man alles Veröffentlichte gelesen hat, dürfte dem einen oder anderen unbekannt sein. Es wurden wieder ganze Stöße von Büchern durchgesehen und das Ergebnis wird hier veröffentlicht. Es wird aber gleichzeitig darauf hingewiesen, wie viel Schundliteratur es darüber gibt, wie viel Lügen im Umlauf sind, damit sich der Schüler der Hermetik ein klares Bild machen kann. Wir bringen in diesem Buch alles, was wir an Material darüber gefunden haben und es wird auch noch einiges aus der eigenen Erfahrung, was das Wertvollste ist, mitgeteilt. Nicht nur über den Tempel wird berichtet, sondern auch über die damit verbundene „Bruderschaft des Lichts", dessen Sitz er darstellt.

*

Auf der Suche nach Meister Arion
Hohenstätten

Diese Autobiographie eines Schüler der Hermetik des Franz Bardon schildert sein magische Leben, in welcher zahlreiche Erfahrungen zu den Übungen aus dem Adepten geschildert werden, die die Hauptperson selbst erlebt hat. Es wird der schwere Weg des Adepten aus autobiographischer Sicht gezeigt, seine vielen Tiefschläge, aber auch seine glanzvollen Seiten und Zeiten. Der harte Kampf mit dem Seelenspiegel wird bis in alle Einzelheiten aufgezeigt, genauso wie die vielen anderen Wege, in welche der Autor reinschnupperte um dadurch reichlich Erfahrung sammeln zu können. Darüber hinaus enthält es unzählige Erfahrungen und Berichte betreffs Mantramistik nach Bardon, die wahre Runenmagie, zahlreiche Evokationen sowie Invokationen mit seinem Lehrer Anion, einen magischen Exorzismus, wie er bisher noch nie öffentlich geschildert wurde.

Mentalreisen, Beeinflussungen, Übungen zur Gottverbundenheit, Erscheinungen, Alchemie, Heilungen mit den verschiedensten magischen Methoden z. B. Quabbalah oder durch die Elemente, Schutzgeistevokationen und viele andere magische „Wunder" seines Freundes und Lehrers Anion. Auch einige magische Fotos in Farbe, ein bisher von Bardon unveröffentlichtes Akashafoto von Christus und ein Bild des schwebenden Meister Arion werden in diesem Buch preisgegeben. Der Inhalt ist viel reichlicher, als hier kurz beschrieben werden kann.

*

Magisches Gleichgewicht
Hohenstätten

Dieses Buch zeigt eindeutig, dass in allen anderen Systemen das „Gleichgewicht" genauso gebraucht wird, wie bei Bardons Werken. Er war nicht der einzige, der das erwähnte, aber er war der erste, welche es deutlich erklärte, denn die anderen Systeme sprachen nur durch das Symbol, welches nicht jedem Leser verständlich war. Obendrein bringen wir nochunveröffentlichtes vom Meister Arion zu dieser Grundlage der magischen Entwicklung.

*

Das Leben und die Erfahrungen eines wahren Hermetikers
Seila Orienta

Diese Autobiographie eines Magiers ist unübertroffen, denn bis jetzt hat kein einziger, okkult Geschulter, so offen und ehrlich gesprochen wie Seila Orienta. Er gibt in diesem Werk sein Leben bekannt, sowie seine zahlreichen und äußerst interessanten Erlebnisse und Erfahrungen. Es werden auch zum ersten Mal Fotos von Wesen der Sphären gezeigt, welche Franz Bardon höchstpersönlich in den 20ern gemacht hat. Des Weiteren schreibt Seila Orienta über die Sphären, über Dämonen, Logenkontakte und vieles vieles mehr, was einem ehrlich strebenden Hermetiker das Herz übergehen lassen wird.

Das Leben des Franz Bardon
Hohenstätten

Dieses Buch beschreibt das Leben des Meisters außerhalb des Frabatos, welches seine Sekretärin – Otti V. – geschrieben hat. Es beinhaltet Erklärungen zu seiner „Biografie", weitere Einzelheiten über den Kampf mit der FOGC, seine Beziehung zu Wilhelm Quintscher und anderen Okkultisten, was alles bisher unbekannt war! Des Weiteren werden viele Erlebnisse seiner Schüler in Prag erzählt, verschiedene magische Leistungen und interessante Geschichten Bardons beschrieben, die bis dato unveröffentlicht sind. Es werden auch seine drei Lehrwerke und deren Wirkung auf die Öffentlichkeit von einem anderen, unbekannten Standpunkt geschildert, welcher durch bisher schwer zugänglichen Schriften unterstützt wird. Als Krönung wird seine aus dem tschechischen übersetzte „Runenschrift" zum ersten Mal veröffentlicht. Auch einige Seiten aus anderen unveröffentlichten Schriften von ihm sowie interessante Fotos des Meister Bardon und seiner Freunde werden hier Preis gegeben und vieles, vieles mehr.

*

In Verbindung mit der Gottheit
Hohenstätten

Über das Thema der Gottverbundenheit mit all seinen Formen und Methoden wurde bis heute noch nie ein Buch verfasst geschweige denn eine Schrift geschrieben. Man findet in der okkulten wie in der östlichen Literatur nur spärliche Hinweise, die größtenteils verschlüsselt sind oder so geschrieben wurden, dass man sie kaum versteht. Im Gegensatz dazu wird in diesem Buch offen dargelegt, dass das 1. kleine Arkanum der 78 Tarotkarten die Gottverbundenheit in ihrer Reinform darstellt.

Hermetische Heilmethoden
Hohenstätten

Dieses Buch stellt in der okkulten Literatur ein absolutes Unikum dar, denn über die Gesamtheit der okkulten Heilmethoden wurde bis jetzt noch NIE etwas sinnvolles geschrieben. Es werden alle Heilmethoden erwähnt, die der hermetische Schüler mit Hilfe seiner bisher erlangten Konzentrationsfähigkeit ausüben und verwenden kann.

*

Erste hermetische Zeitschrift

„Der hermetische Bund teilt mit" ist eine der wenigen magisch-mystischen Zeitschriften, welche sich soweit als möglich auf die universelle Lehre von Franz Bardon bezieht. Sie versucht sich an die Gesetze des 4-poligen Magneten zu halten und vermittelt Wissen sowie Hinweise für die Praxis, damit der Leser die Möglichkeit hat, sie in seinen hermetischen Weg aufzunehmen und für sich gewinnbringend zu verarbeiten.

Noch viel mehr hermetische Literatur finden Sie auf unserer Website: http://www.hermetischer-bund.com.

Viel Vergnügen beim Stöbern!

Der Verlag